Das
Griechische
Kochbuch

area

Die Area Verlag GmbH dankt der Christian Verlag GmbH München für
die freundliche Erlaubnis, sich bezüglich des Erscheinungsbildes dieses Kochbuches
am Erscheinungsbild des Werkes „Das türkische Kochbuch“ aus dem Christian Verlag zu orientieren.

Das griechische Kochbuch

Einbandgestaltung: PM-Services, Leverkusen
Einbandabbildungen: ID Image-Direkt GmbH, Illustration: Aleko
Satz & Layout: PM-Services, Leverkusen
Abbildungen: P. C. Fotostudio, ID Image-Direkt GmbH
Druck und Bindung: Mladinska Knjiga, Ljubljana
Printed in Slovenia 2003

ISBN 3-89996-061-0

Das Griechische Kochbuch

area

Vorwort

Griechenland ist bis heute ein besonderes Land. Die Sonne verwöhnt zärtlich den Weinstock und den Ölbaum, sie vergoldet das Getreide auf dem Dreschplatz. Der Regen lockert das Erdreich für die Saat auf, und der Schnee der hohen Berge bewässert im Frühjahr nach der Schneeschmelze die Felder.

Freigiebig spendet die griechische Erde seit Jahrtausenden saftiges Obst, Gemüse, Getreide, Hülsenfrüchte, Kräuter und Gewürze. Dank des an Mineralstoffen reichen Bodens überzeugen die Produkte durch ihre Qualität und ihren Geschmack. Hinzu kommt als unerschöpfliche Quelle des Reichtums das Meer, das Griechenland von allen Seiten umgibt.

Die Griechen verstanden es, diesen natürlichen Reichtum von jeher für ihre Bedürfnisse nutzbar zu machen. Sie schufen aus tausenderlei Zutaten eine Fülle von Gerichten in den verschiedensten Geschmacksausrichtungen. Die griechische Küche enthält nahrhafte, schlichte und gesunde Mahlzeiten genauso wie üppige und raffinierte Gerichte für Feste und Feierlichkeiten aller Art.

Unvorstellbar, dass in diesem Teil der Welt, in dem sich Kunst und Kultur entwickelten und jeder philosophische Gedanke seinen Anfang hat, nicht auch eine entsprechende Sorgfalt für Tafelfreuden und Gastmahle herangewachsen ist.

Mehr noch als in jedem anderen Teil Griechenlands erlebte einst im antiken Ionien die Esskultur ihren Höhepunkt. Die griechische Bevölkerung, die seit uralten Zeiten in den kleinasiatischen Kolonien ansässig war, vermehrte sich und erlangte mehr und mehr wirtschaftliche Macht. Jedes Haus hatte seine eigene Küche und seinen eigenen Backofen, in dem Brot und Speisen entstanden. Der Haushalt war im Leben der Griechen Lebensmittelpunkt, die Kunst des Kochens und des Genießens hat hier ihre Wurzeln.

Hin und wieder entsteht der Eindruck, dass die geschmacklichen Feinheiten der heutigen griechischen Küche türkischer Herkunft seien. Dem ist aber nicht so. Als die Türken sich in Kleinasien niederließen, waren sie ein Nomadenvolk, das lediglich das gepökelte Fleisch mitbrachte. Ein Leben auf dem Rücken der Pferde ließ keinen großen Spielraum für kulinarische Entwicklungen. Unbestritten ist aber, dass sich die Türken als Herrscher über Kleinasien alles aneigneten,

Vorwort

was dieses Gebiet ihnen in materieller Hinsicht anbot. So wurden sie mit allen kulinarischen Genüssen vertraut, die sie kultivierten und daraus eine große Küche entwickelten.
In fast allen westlichen Ländern sind heute griechische Restaurants zu finden. Wenn Sie aufmerksam die Speisekarte lesen und später ein türkisches oder libanesisches Lokal besuchen, werden Sie viele Speisen in gleicher oder sehr ähnlicher Form unter anderem Namen wiedererkennen. Letztlich gehören die Länder des östlichen Mittelmeeres trotz aller Unterschiede in Sprache, Religion und Kultur zu einer großen kulinarischen Gemeinschaft, die sich aus mehreren Faktoren ergeben hat: die ähnlichen klimatischen Bedingungen und die dadurch gleichen Rohstoffe, der jahrhundertelange türkische Einfluss und eine bäuerlich geprägte Esskultur.
So ist eine exakte Abgrenzung der griechischen Küche gegenüber den Nachbarländern kaum möglich, wenn sich auch mit der Zeit lokale Besonderheiten ergeben haben. Typisch für griechische Kost ist auch heute noch die Verarbeitung von überwiegend frischen Zutaten in einem jahreszeitlichen Bezug. Denn gegenüber Mitteleuropa hat Griechenland den Vorzug, selbst noch in den Wintermonaten über eigenes frisches Obst und Gemüse zu verfügen.
Die in diesem Buch beschriebenen Rezepte sind besonders typisch für die griechische Küche, doch bieten sich auch viele Möglichkeiten zur Variation. Und gerade weil das Kochen eine Kunst ist, sind der Fantasie und dem eigenen Geschmack keine Grenzen gesetzt.

In Griechenland ist Essen und Trinken eine Angelegenheit, die von der Laune abhängt. Die Verarbeitung der in unermesslicher Vielfalt vorhandenen Zutaten wird von den Jahreszeiten, der Stunde und dem Augenblick bestimmt. Essen ist in Griechenland ein Fest.
Trotz aller Einfachheit schwelgt die Küche Griechenlands in einem Überfluss, der insbesondere bei Festlichkeiten und bei der Bewirtung von Gästen zum Ausdruck kommt. So ist die griechische Küche, wie sie in diesem Buch verstanden werden möchte, ein fester Bestandteil der sozialen Gemeinschaft. Ein Ausdruck von menschlichem Miteinander. Laden Sie deshalb gute Freunde zu einem griechischen Abend bei Ouzo und ein paar Mezedes ein!

Kali orexi!

Inhalt

Vorwort 4

Inhalt 6

Essen in Griechenland 10

Griechische Lebensmittel 14

Gewürze und Kräuter 16

Griechischer Käse 17

Griechischer Wein 18

Die Oliven als Nahrungsmittel in Griechenland 19

Tafeloliven aus Griechenland 20

Vorspeisen und Saucen 22

Piperies toursi
Eingelegte Paprikaschoten 24

Hummus
Kichererbsenpüree 25

Taramasalata
Fischrogencreme 27

Melitsanossalata
Auberginencreme 28

Skorthalia
Kartoffel-Knoblauch-Paste 29

Dolmades me kimas
Gefüllte Weinblätter mit Hackfleisch . . .30

Omeleta me chorta
Kräuter-Omelett 33

Saganaki
Gebackener Schafskäse 34

Tiri me bacharia
Schafskäse-Knoblauch-Scheiben 35

Salate 36

Choriátiki
Griechischer Bauernsalat 38

Lachanosalata me karotta
Krautsalat mit Möhren 39

Tzsatziki
Gurkensalat 40

Suppen 42

Chontros me prasa
Bulgursuppe 44

Fasolatha
Weiße Bohnensuppe 45

Kreta – Die köstliche Inselküche
Griechenlands 46

Scorthosupa
Knoblauchsuppe 48

Kafe fakes supa
Braune Linsensuppe 49

Kotosupa awgolemono
Hühnersuppe mit Zitrone 51

Kolokithosupa
Kürbissuppe 52

Fakes supa
Linsensuppe 53

Fisch und Meeresfrüchte 54

Garides Saganaki
Garnelen mit Tomatensauce 56

Psari fourno
Fischauflauf 57

Aus Poseidons Reich 58

Kalmarakia tiganita
Frittierte Tintenfischringe 60

Tonos me saltsa domates
Tintenfisch in Tomatensauce 61

Xifilas souvlaki
Schwertfisch am Spieß 62

Chtapodi me Ouzo
Tintenfisch mit Ouzo 63

Sepia pilaf
Tintenfisch mit Reis 64

Barbounia psita
Gegrillte Rotbarben 65

Psari vrasto me lachanika
Gekochter Fisch mit Gemüse 66

Barbounia marinata
Marinierte Seebarbe 67

Fleischgerichte 68

Arni psito
Lamm aus dem Ofen 70

Arni juvetsi
Lamm im Tontopf 71

Fleisch in der griechischen Küche 72

Kreas me freska fasolakia
Lammfleisch mit grünen Bohnen 75

Kotopoulo me syka
Hähnchen mit Feigen in Portwein 76

Moschari stifado me domates
Kalbsragout mit Tomaten 77

Kotopoulo psito
Hähnchen aus dem Ofen 78

Kouneli kaimaki
Kaninchen in Rahmsauce 80

Juvarlakia avgolemono
Fleischbällchen mit Ei-Zitronen-Sauce . .81

Paidakia
Gegrillte Lammkoteletts 82

Pilafi me arnaki
Lamm mit Pilaf 84

Ortikia skaras
Wachteln vom Grill 85

Arni me saltsa
Geschmorte Lammschulter in Rotwein . .86

Skortho kotopoulo scharas
Knoblauchhähnchen vom Grill 87

Suvlakia
Fleischspieße 89

Psito
Griechischer Schweinebraten 90

Psito arni
Gebratener Lammsattel 91

Gemüsegerichte 92

Jemistes piperies
Gefüllte Paprika 94

Sarmades
Gefüllte Weißkohlblätter 95

Die fleischlose Küche in der orthodoxen Fastenzeit 96

Kolokitho keftedes
Zucchinipuffer .98

Kolokithakia jemista
Gefüllte Zucchiniblüten 99

Melitsanes me risi
Auberginen mit Reis 100

Kunupidi omeleta
Blumenkohl-Omelett 101

Spanakorizo
Spinatreis 102

Gigantes me anginares
Dicke Bohnen mit Artischocken 104

Panzaria dolmades
Mangoldrouladen 105

Briam
Geschmortes Gemüse 106

Manitaria sto fourno
Überbackene Champignons 107

Omeleta me kolokithakia
Zucchini-Omelett 108

Kolokithakia Tiganita
Gebratene Zucchini 109

Domates jemista
Gefüllte Tomaten 110

Fava
Püree von gelben Erbsen 111

Santorini Tomato-Keftédes
Santoriner Tomatenpuffer 112

Kunupidi tursi
Eingelegte Blumenkohlröschen 113

Kolokithoanathi tiganti
Frittierte Zucchiniblüten 114

Melitsanes poura
Auberginenröllchen 115

Fasolia me saltsa domates
Grüne Bohnen in Tomatensauce 116

Patates sto fourno
Ofenkartoffeln 117

Aufläufe 118

Pastizio me manitaria
Makkaroniauflauf 120

Pastizio
Nudelauflauf 121

Moussaka
Auberginenauflauf 122

Desserts und Gebäck 124

Glyko achlathi
Birnen in Sirup 126

Psomi me mila
Brot mit Äpfeln 127

Das süße Griechenland 128

Yaourti me meli
Joghurt mit Honig und Haselnüssen ..130

Syka me krema krasiou
Feigen in Weincreme 131

Kaimak-Drink
Mediterraner Buttermilchdrink 132

Karpousi kai peponi me santigi
Melone mit Kardamomsahne 133

Glossar 134

Register 140

Essen in Griechenland

Essen in Griechenland

Auf Frühstück wird in Griechenland kein großer Wert gelegt. Meistens reicht ein kleiner Kaffee nach türkischer Art mit trockenem Gebäck, z. B. einem Sesamhörnchen.

Dagegen hat das Mittagessen einen großen Stellenwert. Hier ist es üblich, vor dem Essen einen Aperitif zu nehmen, der nach alter Landessitte aus dem stark nach Anis schmeckenden Ouzo besteht. Als kleine Zugabe und Einstimmung auf das Essen gibt es dazu etwas Brot, schwarze Oliven, Feta-Käse und andere Kleinigkeiten. In Restaurants in Griechenland werden diese Häppchen nicht berechnet. Dafür ist es jedoch üblich, eine Zugabe für das Gedeck zu zahlen.
Bei einem größeren Mahl reichen Oliven und Käse als Vorspeise nicht aus. Eine gute griechische Mahlzeit beginnt dann mit verschiedenen Vorspeisen, die unter dem Namen Mezedes weltbekannt sind.

Dabei darf das Tzatziki, ein Gericht aus geraspelter Gurke, Joghurt, Knoblauch, Olivenöl und Gewürzen, nicht fehlen. Es gibt weitere Variationen solcher Vorspeisen, bestehend aus Joghurt und rohem Gemüse. Diese Mezedes sind erfrischend, leicht und bekömmlich.
Weiterhin werden zu den Vorspeisen kleine Fisch- oder Garnelenzubereitungen, gekochte und gebackene Polypen sowie gefüllte Weinblätter gereicht. Dazu gibt es verschiedene Arten marinierter grüner Bohnen oder Hülsenfrüchte sowie kalte Fleischzubereitungen, unter denen Innereien einen wichtigen Platz einnehmen.

In der griechischen Küche haben Suppen nicht die Bedeutung wie in der deutschen Küche. Besonders beliebt sind allerdings Kakavia (Fischsuppe) und Avgolemono (Zitronensuppe).
Als leichte Zwischengerichte gibt es in Griechenland viele Eiergerichte mit den landesüblichen und jahreszeitlich bedingten Gemüsearten, verschiedene Pilzragouts und jede Menge gegrillten oder gebratenen Fisch. Gekochter Fisch wird meist als Eintopf im eigenen Saft zubereitet.

Das typische Hauptgericht einer griechischen Tafel besteht aus verschiedenen Lammfleischzubereitungen oder – nach traditioneller Art – aus Ziegenfleisch. Aber auch Rind- und Schweinefleisch sowie gebackenes Spanferkel haben durch fremde Einflüsse Einzug in die griechische Küche gehalten. Das auch in Deutschland bekannte typische Hauptgericht ist Moussaka, ein im Backofen gegarter Auflauf, bestehend aus Auberginen, Kartoffeln, Hackfleisch und reichlich Kräutern.
Die Geflügelgerichte lassen durch Würzung oder Zubereitung oft den türkischen Einfluss erkennen.

Die Nähe mit dem Orient kommt besonders bei den Desserts zum Ausdruck. Plunder- oder Blätterteig, Mandeln, Nüsse und Sesam spielen hier eine große Rolle. Aber auch die einfache Karamellspeise findet oft einen Platz auf der Speisekarte.

Zum Nachmittagskaffee werden Gebäck und karamellisierte Früchte gereicht. Immer zusammen mit dem obligatorischen Glas Wasser.

Zum Abendessen bevorzugen die Griechen leichte Salate und Vorspeisen sowie Fisch- und Gemüsegerichte. Dazu reicht man Brot und Käse.

Zu allen Hauptmahlzeiten wird Wein getrunken. Dabei ist weder an den berühmten Retsina noch an die bekannten griechischen Süßweine (z. B. Mavrodaphne) gedacht. Letztere spielen als Tischgetränk überhaupt keine Rolle, während der Retsina eher als Aperitif genossen wird. Griechische Tischweine sind weiß oder rot, von der Sonne verwöhnt und passen sich dem Essen harmonisch an.
In jüngster Zeit entwickeln die griechischen Winzer durchaus hochwertige Weinsorten, die im Zuge des immer stärker werdenden Außenhandels auch Einzug in deutsche Weinregale gehalten haben.

Wichtig bei jedem Essen in Griechenland ist die *parea* – die Gesellschaft beim Essen. Ob Familie, Freunde oder zufällige Bekanntschaften – das gesellige Miteinander um einen großen Tisch, das Plaudern während des Essens, das gemeinsame Genießen macht ein griechisches Mahl erst richtig perfekt!

Seite 12/13: Kirche auf Santorini

Griechische Lebensmittel

In Athen und in anderen griechischen Großstädten unterscheidet sich das Angebot in den großen Delikatess- und Spezialgeschäften kaum von dem in Italien oder anderen Ländern Europas.

Doch schon auf den Märkten, in den kleinen Läden der Nebenstraßen oder auf den Basars wird das Angebot ursprünglicher. Hier findet man noch Getreideerzeugnisse in Säcken, unsortiertes Obst und Gemüse und auf den Verkaufstischen ausgelegte Fleischwaren.

Das Fleisch wird sehr oft haschiert oder klein geschnitten verkauft. Vor Einführung der Kühltechnik war es in den heißen Sommermonaten nicht möglich, Fleisch genügend lange abzuhängen. Frischfleisch wurde sofort zerkleinert und musste möglichst schnell verzehrt werden. Heute kann man in guten Metzgereien jede Art von Fleisch in gewünschter Qualität erhalten.

Während sich das Fleischangebot erheblich verbessert hat, sind die griechischen Fischmärkte in den letzten Jahren immer kleiner geworden. Die Verschmutzung des Mittelmeeres und insbesondere der Küstenregionen sowie Überfischung sind die Gründe, dass der einstige Reichtum aus dem Meer versiegt und deshalb frische Fische, wie überall auf der Welt, sehr teuer sind. Der einfache Grieche greift dann gerne zu Polypen, Kalamari und Kleinstfischen, die zu erschwinglichen Preisen zu haben und zum Ausbacken geeignet sind.

Auf den Märkten stammt das angebotene Obst und Gemüse von Kleinbauern, die den Anbau noch in traditioneller Weise betreiben. Zu den bevorzugten Gemüsesorten gehören rote und grüne Paprikaschoten, Auberginen und Kürbisse.
Beliebt sind auch Kürbisblüten, die in Teig gewendet und in Öl ausgebacken werden,

sowie verschiedenartige Zucchini und Gurken. Spinat und andere mangoldähnliche Blattgewächse sind reichlich vorhanden und werden gern in zahlreichen Variationen zubereitet. Tomaten sind in allen Größen und Formen erhältlich und spielen in den Kochtöpfen der griechischen Hausfrau eine große Rolle. Zu den ausgefalleneren Gemüsen gehören Okraschoten, Kichererbsen und Granatäpfel. Der Saft der Granatäpfel wird weitgehend für Süßspeisen, die Kerne für Saucen verwendet.

Ein besonderer Anblick sind die ausladenden Verkaufsstände mit Kräutern. Glatte Petersilie, Dill, Oregano, Basilikum, Thymian, Rosmarin, Minze und Salbei entfalten einen einzigartigen Duft.
Bei den Gewürzen, die in der griechischen Küche verwendet werden, muss man sich in Griechenland mit einigen weniger bekannten Geschmacksrichtungen vertraut machen. Hier ist beispielsweise der Kreuzkümmel zu nennen, der zwar wie der bei uns gebräuchliche Kümmel aussieht, aber ganz anders schmeckt.
Rosinen und Korinthen, Wal- und Haselnüsse, Pistazien, Mandeln, Sesam, Pinienkerne und Honig geben den zahlreichen Süßspeisen und Gebäcken den typischen Geschmack und erinnern an den nahen Orient.

In der Zubereitung der traditionellen Gerichte spielen neben Milch, Sahne und Butter der geschnittene oder geriebene Kefalotiri und der ursprünglich nur aus Schafsmilch hergestellte Feta-Käse eine wichtige Rolle. Zu den klassischen Käsesorten gehört noch der Molke-Magerkäse Mizithra, der gern für verschiedene Blätterteigpasteten eingesetzt wird.

Durch die große Nachfrage nach diesen Lebensmitteln gibt es auch bei uns viele dieser Zutaten mittlerweile zu kaufen. Einem Nachkochen der hier zusammengestellten Rezepte steht also nichts mehr im Wege.

Gewürze und Kräuter

Viele Gewürzkräuter, die der griechischen Küche ihren besonderen Charakter verleihen, wachsen in Griechenland wild. Kräuter und Gewürze, von denen seit dem Altertum mehr als 400 bekannt sind, werden in der griechischen Küche allerdings nur verwendet, um den Geschmack der einzelnen Zutaten leicht zu verstärken. In den Rezepten dieses Buches werden deshalb Gewürze nur in kleineren Mengen eingesetzt.

Vasilikos – Basilikum

Basilikum wird in Samen- und Blätterform verwendet. Das Kraut duftet würzig-herb und ist sehr pikant. Basilikum wird gern für Suppen, Gemüse, Salate, Fleisch und Fisch verwendet.

Anitho – Dill

Dillfähnchen möglichst frisch für Salate und Gemüse verwenden. Den frischen Dill nach Möglichkeit nicht mitkochen.

Kappari – Kapern

Die würzige Ergänzung jedes pikanten Salates sind die Knospen des an Wegesrändern und steinigen Abhängen wild wachsenden Kapern-Strauchs. Zur Verwendung in der griechischen Küche werden die Knospen in Salzlake eingelegt.

Skordo – Knoblauch

Ein Zwiebelgewächs aus Ägypten. Knoblauch ist Hauptbestandteil der griechischen Küche. Es gibt ihn in den verschiedensten Formen. Zu empfehlen ist immer frischer Knoblauch.

Dafni – Lorbeer

Der Lorbeerbaum ist in Griechenland zu Hause. Er kann bis zu sieben Meter hoch und hunderte von Jahren alt werden. Der Duft der Blätter ist aromatisch. Für die Verwendung sollten die Blätter stielfrei, sauber und grün sein. Sparsam würzen!

Diosmos – Minze

Frisch oder getrocknet schmeckt Minze sehr intensiv. Sie sollte sparsam eingesetzt werden.

Maidanos – Petersilie

Frisch verwendet ist die Petersilie einer der stärksten Vitaminträger. Je nach Geschmack kann sie fast überall verwendet werden.

Dendrolivano – Rosmarin

„Ros maris", der Tau des Meeres, ist ein immergrüner, bis zu 1,5 m hoher verholzender Strauch aus der Familie der Lippenblütler. Rosmarin wird für Suppen, Gemüse, Fleisch und Fisch verwendet.

Selinos – Sellerie

Sellerieblätter und Sellerieknollen sind in der griechischen Küche unentbehrlich. Sie schmecken süßlich-herb und sind für Rohkost, Salate, Suppen und gekochte Speisen geeignet.

Rigani – Wilder Majoran/Oregano

Das stark riechende aromatische Kraut verträgt sich nicht mit anderen Gewürzen. Es wird vor allem für Innereien, Suppen, Fleisch- und Fischzubereitungen verwendet.

Kremidi – Zwiebel

Die Zwiebel kommt aus dem Orient und ist in der griechischen Küche unentbehrlich. Zwiebeln sind sehr gesund, weil sie viel Vitamin C enthalten. Sie werden in fast allen Gerichten verwendet.

Griechischer Käse

In Griechenland hatte Käse immer eine große Bedeutung. Die schon in der Antike bekannten Käsesorten werden noch bis heute hergestellt. Im Laufe der Zeit hat sich dabei zwar mancher Name verändert, aber die Grundtypen des Käses sind ähnlich geblieben.
Früher wurde vorwiegend Schafs- und Ziegenmilch verarbeitet. Da dieses Verfahren sehr arbeitsintensiv ist, ging man mehr und mehr dazu über, Kuhmilch zu verwenden. Der in Griechenland so beliebte Feta-Käse ist ein typisches Beispiel für diese Entwicklung.

Während der Feta in Salzlake reift und in verschlossenen Kanistern in Lake gehalten wird, kann ein ähnlicher Käse, der Mizithra, unmittelbar nach der Herstellung, also noch warm, gegessen werden. Lässt man ihn an der Luft trocknen, so wird er auch als Reibekäse verwendet.
Eine Weiterentwicklung des Mizithra ist der zu den Brüh- oder Knetkäsesorten zählende Kasseri. Man findet ihn als großen, runden Laib oder auch in Wurstform in den Geschäften. Durch eine Bearbeitung in Wasser, das auf 70 °C erhitzt ist, wird er weitgehend pasteurisiert und mit einer Wachs- oder Plastikhülle konserviert. Im Gegensatz zu den vorigen Käsesorten ist dieser Hartkäse lange haltbar.

Aus Schafs- oder Ziegenmilch wird der Kefalotiri, ein pikant-salziger Hartkäse, hergestellt. Obwohl er im ganzen Land zu kaufen ist, hat er vielfältige Namen: Pindos im Pindos-Gebirge, Skyros auf der Insel Skyros und Vouscos auf anderen Ägäis-Inseln.

Zu den neueren Käsesorten, die unter dem Einfluss mitteleuropäischer Käsefachleute entstanden sind, zählt der Graviera, der dem Gruyère-Käse ähnelt. Die großen griechischen Käsereien verändern ihn allerdings mehr und mehr in Richtung Emmentaler.

Eng mit dem Käse verwandt sind der »abgetropfte Joghurt« und »Kajmak«. Der abgetropfte Joghurt entspricht in Verwendung, Ähnlichkeit und Konsistenz dem deutschen Quark, doch schmeckt er anders. Der Kajmak wird aus der Sahne der verschiedenen Milchsorten hergestellt. Er ist dick und erinnert an Schmand oder dicke, saure Sahne. Trotzdem lässt er sich geschmacklich nicht mit diesen vergleichen, zumal Kajmak häufig aus Schafsmilch oder einer Mischung aus Schafs- und Kuhmilch gewonnen wird. Für den so genannten »reifen Kajmak« wird der Rahm von der Milch mehrerer aufeinander folgender Tage in Holzfässern gesammelt. Danach bleibt er noch einige Tage stehen. Kajmak übernimmt in den Ländern des Balkans und Orients weitgehend die Funktion von Butter und wird entsprechend zur Veredelung von Speisen und Gebäck verwendet.

In der griechischen Welt war Käse schon immer das wichtigste eiweißhaltige Lebensmittel. Daher stehen die Griechen als Käsekonsumenten an zweiter Stelle der Weltrangliste.

Griechischer Wein

Der Wein ist seit der Antike in Griechenland ein Volksgetränk. Der Weinbau nimmt rund 10 % der landwirtschaftlich genutzten Fläche ein. Der Durchschnittsertrag liegt bei ca. 5 Millionen Hektolitern, wobei zu berücksichtigen ist, dass von der Traubenernte ein hoher Anteil auf Tafeltrauben entfällt oder zu Sultaninen bzw. Korinthen verarbeitet wird. Von den rund 20 Rebsorten entfallen viele auf Muskateller oder andere süße Sorten, doch sind inzwischen auch eine Reihe französischer Reben in Griechenland heimisch geworden. Die Anbaugebiete sind über ganz Griechenland verteilt.

Ganz besondere Weinbaugebiete finden sich auf dem Peloponnes, auf dem Festland um Athen, in Thessalien, Epirus und Makedonien. Auf dem Peloponnes ist vor allem die Gegend um Patras mit besonders schweren, süßen Weinen bekannt. Im Nordwesten des Peloponnes gedeihen die Trauben für den trockenen Weißwein Demestica.

Attika gilt als die Urheimat des Retsina, eines leicht geharzten Weines, der aus den Savatiano-Trauben gewonnen wird (Rezine = Harz). Aus den ähnlich säurebetonten Depina-Trauben wird in Thessalien und Makedonien ein trockener, frischer Weißwein hergestellt. In diesen Gegenden werden aber auch herbe, dunkle Rotweine unter dem Namen Naoussa angeboten.

Auf den Inseln finden sich zahlreiche verschiedene und zum Teil auch sehr alte Rebsorten. Recht einheitlich dagegen ist der Anbau auf Samos mit rund 95 % Muskateller-Trauben, die einen goldgelben, süßen Wein liefern.
Eine wichtige Weininsel ist Kreta mit schweren, körperreichen Rot- und Likörweinen.
Auf den Kalk- und Vulkanböden von Santorin wachsen im feuchtwarmen Seeklima die Trauben für den Vino Santo, der unter Hinzufügung von Trockenbeeren ein besonders ausgeprägtes Aroma erhält. Völlig anders im Charakter ist der trockene Marmari-Weißwein, der von der Südspitze der Halbinsel Euboea kommt.

Direkt in Griechenland sollte man am besten zunächst die Weine der unmittelbaren Umgebung probieren. Ausgesuchte Weine sind die bekannten Marken wie z. B. Demestica, Hymettus, Santa Laura von der Insel Rhodos oder Rombola von Kephallenia.

Die Oliven als Nahrungsmittel in Griechenland

Seit vorgeschichtlicher Zeit sind die Oliven dem Menschen als Nahrungsmittel bekannt. Anfangs standen nicht die nötigen Mittel zur Verfügung, um die Oliven für eine Verwendung über die Ernte hinaus zu verarbeiten, so dass die Olive nur während der Erntezeit zum Essen gereicht wurde. Mit der Zeit entwickelte man in den Mittelmeerräumen eine Methode, mit der die Oliven haltbar gemacht und das ganze Jahr über genossen werden konnten. Man fand einen Weg, den bitteren Geschmack der Oliven zu entziehen.

Schon seit Jahrhunderten gilt das Salz als grundlegendes Konservierungsmittel, später kamen noch Olivenöl, Essig, Most und Honig dazu. Auch werden den Oliven zur Konservierung und Verbesserung des Geschmackes verschiedene Kräuter beigelegt.

Die Olive wurde zum Hauptnahrungsmittel für alle Bevölkerungsschichten, denn allein mit einem Stück Brot und einem Glas „Zipuro" (Selbstgebranntem) hat man eine vollwertige Mahlzeit. Heute erfreut sich die Olive mit ihrer großen Artenvielfalt und den vielseitigen Anwendungsmöglichkeiten stetiger Beliebtheit auch in der modernen Küche.

Tafeloliven aus Griechenland

Konservoelia

Wohl die bekannteste griechische Sorte. Ungefähr 80 % der Tafeloliven Griechenlands sind die Konservoelia. Sie wachsen in Zentralgriechenland und erscheinen im Handel unter ihren Lokalnamen wie z. B. Amfissi, Agriniou, Volou, Atalandis, Ag. Konstantinou, Stilida u.a.m. Die Oliven sind mittel bis groß (5–8 g, in manchen Fällen sogar bis 12 g). Sie sind rund oder oval und werden in Salzwasser konserviert.

Oliven aus Kalamata

Eine der berühmtesten griechischen Tafeloliven. Sie gedeiht im südwestlichen Teil des Peloponnes, in Messinia und Lakonia, aber auch in Zentralgriechenland. Die Olive aus Kalamata ist nicht sehr groß (3–6 g), schwarz und enthält bis zu 25 % Öl. Diese Oliven werden angeschnitten und in Essig gewürztem Salzwasser eingelegt.

Oliven von Chalkidiki

Angebaut werden diese Oliven in der Nähe des Heiligen Berges Athos. Die Olive ist sehr groß und wird deshalb auch „Eselsolive" (Gaidouroelia) genannt.

Oliven aus Megara (Megaritiki)

Diese Sorte eignet sich sowohl als Tafelolive als auch zur Gewinnung von Olivenöl. Sie ist klein und wird hauptsächlich für die Produktion von schwarzen Salzoliven oder von grünen, eingelegten Oliven eingesetzt.

Kothreiki

Diese Oliven werden auf dem Festland angebaut. Auch sie sind als Tafeloliven begehrt. Sie werden aber auch zur Herstellung von Öl gebraucht. Sie gleichen in Größe und Farbe der Konservoelia.

Karidoelia

Stammt von der Konservoelia ab und gedeiht in Euboea.

Oliven aus Igoumenitsa

Stammt ebenfalls von der Konservoelia ab. Sie ist viel kleiner und wächst hauptsächlich in Igoumenitsa.

Rosinenoliven (Throumba)

Noch am Baum, während des Reifungsprozesses, verliert die schwarze Olive ihren bitteren Geschmack. Sie ist klein bis mittelgroß und wird auf Kreta, auf den ägäischen Inseln und in der Attiki geerntet.
Von dieser Sorte werden die zerquetschten, schwarzen Oliven hergestellt: Stafidoelies.

Die Rosinenoliven (Stafidoelies)

Diese Olivensorte ist speziell in ihrer Art. Sie kann ohne große Salzzugabe gelagert werden. Die Olive braucht nicht verarbeitet zu werden. Sie reift am Baum und wird von Hand gepflückt. Die Oliven werden gewaschen, zum Trocknen ausgelegt, zur Geschmacks-verbesserung leicht gesalzen und zuletzt vakuumverpackt. Sie können auch ohne Salzzugabe in Olivenöl konserviert werden.
Die Oliven sind schwarz, „süß" und runzelig. Sie sehen zwar für manche nicht sehr appetitlich aus, jedoch sollte man sich von diesem Schönheitsfehler nicht irreführen lassen. Geschmack und Nährwert machen diese Olive zu einem hochwertigen Produkt.

Vorspeisen und Saucen

Piperies toursi

Eingelegte Paprikaschoten

Für 4 Personen

1 kg rote Paprikaschoten
2 große rote Zwiebeln
2 Knoblauchzehen
Salz
4 El Essig
4 El Olivenöl
einige schwarze Pfefferkörner

Die Paprikaschoten waschen, halbieren, entkernen und von den Stielansätzen befreien. In Streifen schneiden. Die Zwiebeln schälen und in feine Streifen schneiden. Den Knoblauch schälen und halbieren.
250 ml Salzwasser mit Essig und Öl zum Kochen bringen. Paprika, Zwiebel und Knoblauch zugeben und etwa 2 Minuten ziehen lassen. Vom Herd nehmen und abkühlen lassen.
Die Paprika mit der Flüssigkeit in Glasgefäße aufteilen, Pfefferkörner zugeben und gut verschlossen 10–14 Tage durchziehen lassen.

Hummus

Kichererbsenpüree

Für 4 Personen

400 g Kichererbsen
2 Knoblauchzehen
Saft von 1 Zitrone
5 El Olivenöl
Salz
Pfeffer
1/2 Bund gehackte Petersilie

Die Kichererbsen über Nacht einweichen. Im Einweichwasser aufkochen und noch ca. 1 1/2 Stunden kochen lassen. Die Kichererbsen sollen ganz weich sein. Abtropfen lassen und kalt abspülen.
Den Knoblauch schälen, durchpressen und zu den Erbsen geben. Beides zu einer glatten Creme mixen. Nach und nach Zitronensaft und Öl zugeben. Mit Salz und Pfeffer würzen. In eine Schüssel umfüllen und mit der Petersilie garnieren.

Für 4 Personen

2 große Brötchen vom Vortag
100 g Tarama (gepresster Fischrogen, in griechischen Geschäften erhältlich)
Saft von 1 Zitrone
75 ml Olivenöl
einige schwarze Oliven

Taramasalata

Fischrogencreme

Die Brötchen in warmem Wasser einweichen. Anschließend gut ausdrücken. Die ausgedrückten Brötchen mit der Tarama mit dem Handmixer vermischen, dabei Zitronensaft und Öl langsam unterziehen. Die Paste im Kühlschrank 1–2 Stunden durchziehen lassen. In eine Schüssel umfüllen und mit schwarzen Oliven garnieren.

Tipp: Taramasalata kann anstelle von Brot auch mit einer entsprechenden Menge Kartoffelpüree (ca. 200 g) zubereitet werden.

Für 4 Personen

3 mittelgroße Auberginen
3–4 Knoblauchzehen
50 ml Olivenöl
1 El Weinessig
1/2 Tl Zucker
Salz
Pfeffer
einige schwarze Oliven
1 El gehackte Petersilie

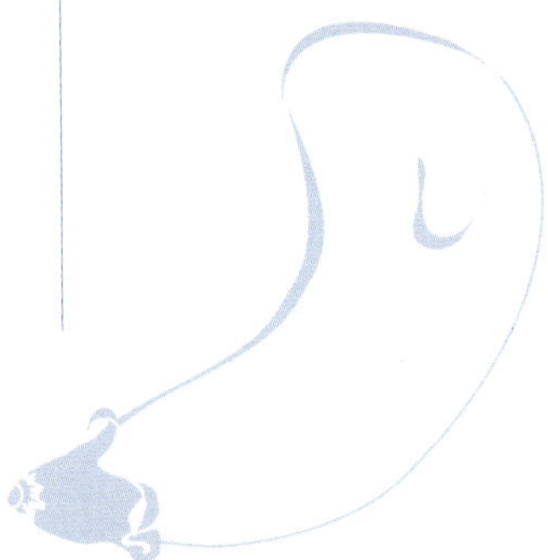

Melitsanossalata

Auberginencreme

Die Auberginen waschen, mit einer Gabel mehrmals einstechen und im vorgeheizten Backofen bei 200 °C ca. 30 Minuten backen. Das Fruchtfleisch sollte weich sein.
Die Auberginen kalt abschrecken, die Haut abziehen und die Stielansätze entfernen. Das Fruchtfleisch in einen Mixer geben. Den Knoblauch schälen und dazugeben. Beides grob oder fein pürieren. Nach und nach das Öl untermixen. Das Püree mit Essig, Zucker, Salz und Pfeffer würzen. In eine Schüssel umfüllen und mit Oliven und Petersilie garnieren.

Skorthalia

Kartoffel-Knoblauch-Paste

Die Kartoffeln waschen und mit der Schale gar kochen. Die Kartoffeln heiß pellen und durch eine Kartoffelpresse drücken.
Die Weißbrotrinde entfernen, das Brot in kaltem Wasser einweichen und gut ausdrücken. Die Knoblauchzehen schälen und zu den Kartoffeln pressen. Das Brot zu den Kartoffeln geben und alles gut vermischen. Das Olivenöl und den Essig dazugeben und das Ganze zu einer cremigen Paste verrühren. Zuletzt die Mandeln unterheben und mit Salz abschmecken. Sollte die Paste zu fest sein, noch etwas Öl unterrühren. Die Kartoffelpaste auf einem Teller anrichten und mit Oliven garnieren.

Für 4 Personen

3–4 mehlig kochende Kartoffeln
250 g Weißbrot
6 Knoblauchzehen
8–10 El Olivenöl
1 El Weißweinessig
50 g gemahlene Mandeln
Salz
einige schwarze Oliven zum Garnieren

Für 4 Personen

75 g Reis
Salz
3 Zwiebeln
1/2 Bund Petersilie
3 El Tomatenmark
1 El Olivenöl
Pfeffer
500 g Lammhackfleisch
18 eingelegte Weinblätter
500 ml Weißwein
2 Tomaten
glatte Petersilie für die Garnitur

Dolmades me kimas

Gefüllte Weinblätter mit Hackfleisch

Den Reis in Salzwasser gar kochen. Die Zwiebeln schälen und fein würfeln. Die Petersilie waschen, trockenschütteln, fein hacken und mit Zwiebeln, Reis, Tomatenmark, Olivenöl, Salz und Pfeffer zum Lammhackfleisch geben. Alles gut miteinander verkneten.

Die Weinblätter kurz in kochendes Wasser tauchen, abspülen und die Stiele entfernen. Die Weinblätter auf einer Arbeitsfläche auslegen und in die Mitte der Blätter jeweils 1 Teelöffel der Hackfleischmischung geben. Das untere Ende der Blätter über die Füllung schlagen, die Seiten nach innen klappen und zur Blattspitze hin aufrollen.

Die gefüllten Weinblätter mit der Naht nach unten fest nebeneinander in einen Topf einschichten. Den Wein mit ca. 500 ml Wasser angießen. Die Blätter sollten gerade bedeckt sein. Mit einem Teller beschweren und ca. 1–1 1/2 Stunden bei kleiner Hitze köcheln lassen. Im Topf erkalten lassen.

Die gefüllten Weinblätter auf einer Platte anrichten, mit Tomatenscheiben und einigen Petersilienblättern garnieren.

Für 4 Personen

100 g Brunnenkresse
100 g Petersilie
100 g Rucola
100 g Sauerampfer
100 g Schnittlauch
4 El Olivenöl
6 Eier
Salz
Pfeffer

Omeleta me chorta

Kräuter-Omelett

Die Kräuter waschen, putzen, trockenschütteln und klein schneiden. Kurz in kochendes Wasser tauchen und sofort in ein Sieb abgießen. Kalt abspülen und gut abtropfen lassen.
In einer beschichteten Pfanne das Öl erhitzen. Die Eier verquirlen und mit etwas Salz in die Pfanne geben. Die Kräuter darauf verteilen und das Ganze bei schwacher Hitze stocken und leicht bräunen lassen. Auf eine Platte gleiten lassen und in Tortenstücke schneiden.

Saganaki

Gebackener Schafskäse

Für 4 Personen

300 g Schafskäse
1 Ei
4 El Mehl
Öl zum Ausbacken
1 Tl getrockneter Oregano

Den Käse in ca. 1 cm dicke Scheiben schneiden. Erst in Ei, danach in Mehl wenden.
Das Öl erhitzen und den Käse darin backen, bis er eine goldgelbe Farbe angenommen hat.
Auf Küchenpapier kurz abtropfen lassen.
Den gebackenen Schafskäse auf einer Platte anrichten und mit Oregano bestreuen.

Für 4 Personen

10 möglichst dünne Scheiben Schafskäse (75–80 g pro Scheibe)
8–10 Knoblauchzehen
100 g gehackte Kräuter der Saison (Schnittlauch, Petersilie, Basilikum, Thymian, Oregano)
15 El Olivenöl
Pfeffer aus der Mühle
Tomatenspalten für die Garnitur

Tiri me bacharia

Schafskäse-Knoblauch-Scheiben

Die Schafskäsescheiben auf eine Servierplatte legen und mit den durchgedrückten oder fein gehackten Knoblauchzehen und den gewaschenen, fein gehackten Kräutern bestreuen. Die Scheiben mit dem Öl dünn beträufeln, mit Pfeffer würzen und mit Tomatenspalten verziert servieren.

Salate

Für 4 Personen

4 große Tomaten
1 Salatgurke
2 Frühlingszwiebeln mit Grün
je 10 grüne und schwarze Oliven
3–4 El Olivenöl
2 El Essig
Salz
Pfeffer
1/2 Tl getrockneter Oregano
250 g Feta
1 Handvoll frisches Basilikum

Choriátiki

Griechischer Bauernsalat

Die Tomaten waschen, die Gurke schälen und beides in kleine, mundgerechte Stücke schneiden. Die Zwiebeln schälen und in Ringe schneiden. Alles zusammen mit den Oliven in eine Schüssel geben und mit Öl, Essig, Salz, Pfeffer und Oregano gründlich vermengen. 10 Minuten stehen lassen, dabei gelegentlich umrühren. Den Fetakäse in groben Stücken untermengen. Vor dem Servieren die grob zerschnittenen Basilikumblätter über den Salat streuen.

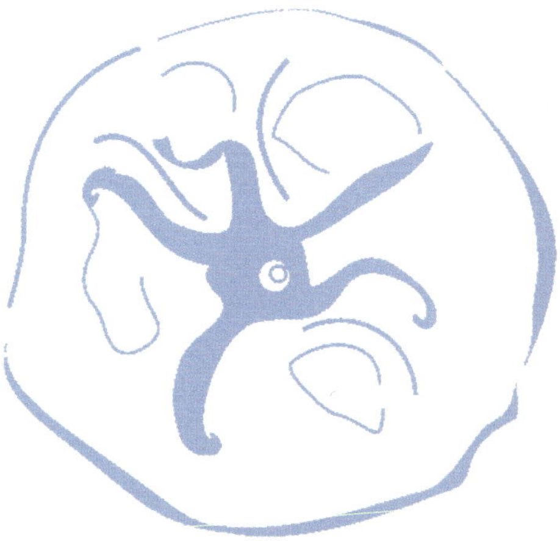

Lachanosalata me karotta

Krautsalat mit Möhren

Für 4 Personen

1 kg Weißkohl
Salz
300 g Möhren
2–3 Frühlingszwiebeln mit Grün
1 großer Bund Dill
5 El Olivenöl
7 El Essig
4–5 Tl Zucker
Pfeffer

Die äußeren Weißkohlblätter entfernen, den Weißkohl halbieren, den Strunk herausschneiden. Die Weißkohlblätter mit einem Gurkenhobel in dünne Streifen schneiden und in eine sehr große Schüssel geben.

1 Esslöffel Salz untermengen und den Kohl mit den Händen kneten, bis er glasig und saftig wird. Die Möhren schälen, waschen und grob raspeln. Die Frühlingszwiebeln putzen, waschen und in dünne Ringe schneiden. Den Dill waschen, trockenschütteln, abzupfen und fein hacken.

Alles zum Weißkohl geben, gut miteinander vermischen und Öl, Essig, Zucker und nur wenig Pfeffer dazugeben. Mindestens 30 Minuten ziehen lassen, ab und zu umrühren und dann nochmals mit Salz, Pfeffer und eventuell Essig abschmecken.

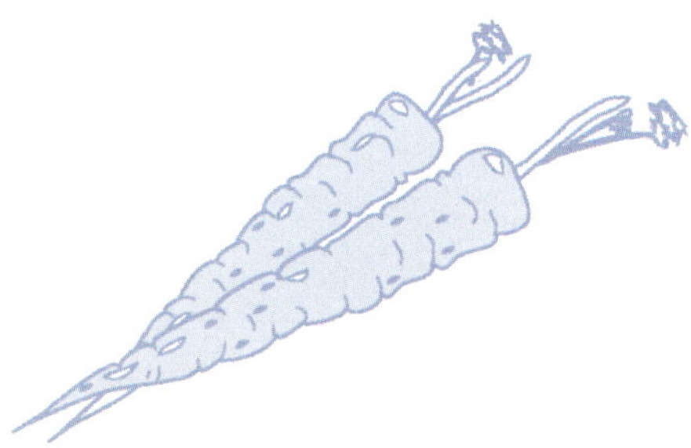

Für 4 Personen

1 Salatgurke
Salz
250 g Sahnequark
200 g Crème fraîche
50 g Joghurt
2 El Olivenöl
3 Knoblauchzehen
Pfeffer
1 El Dill

Tzatziki

Gurkensalat

Die Salatgurke waschen, schälen und in kleine Stücke schneiden. Die Gurkenstücke in ein Sieb geben, mit Salz überstreuen und stehen lassen.
Inzwischen den Quark mit Crème fraîche, Joghurt und Öl glatt rühren. Die Knoblauchzehen schälen, auspressen und unter die Quarkmischung rühren. Die Gurkenstücke im Sieb ausdrücken, in die Quarkmasse geben und gut verrühren. Mit Salz und Pfeffer würzen.
Den Dill waschen, trockenschütteln und fein hacken. Die Tzatziki in eine flache Schüssel füllen und mit Dill garnieren.

Küstendorf auf dem Peloponnes

Suppen

Chontros me prasa

Bulgursuppe

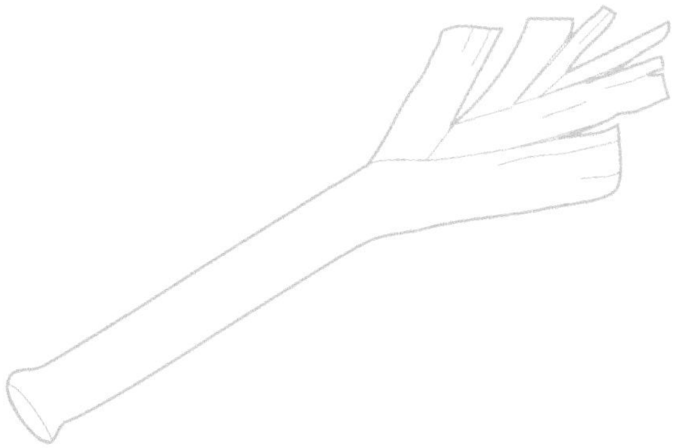

Für 4 Personen

6–8 reife Tomaten
2 Lauchstangen
3 Knoblauchzehen
4 El Olivenöl
200 g Bulgur (grobe Weizengrütze)
500 ml Gemüsebrühe
Salz
Pfeffer
1/2 Bund glatte Petersilie
geriebener Parmesan

Die Tomaten heiß überbrühen, enthäuten, von den Stielansätzen befreien und fein hacken. Den Lauch von den äußeren Blättern befreien, waschen und in Ringe schneiden. Den Knoblauch schälen und in einen Topf mit erhitztem Olivenöl pressen. Den Lauch dazugeben und leicht anbraten. Tomaten, Bulgur und Brühe einrühren, alles mit Salz, Pfeffer und klein gehackter Petersilie würzen. Zugedeckt bei geringer Hitze ca. 25 Minuten garen lassen. Hin und wieder umrühren, damit nichts ansetzt. Nochmals abschmecken, mit geriebenem Käse nach Belieben bestreuen und servieren.

Fasolatha

Weiße Bohnensuppe

Für 4 Personen

200 g getrocknete weiße Bohnen
1 Zwiebel
2 Möhren
1/2 Knollensellerie
2 Knoblauchzehen
3 El Olivenöl
2 El fein gehacktes Bohnenkraut
1 Lorbeerblatt
1 Msp. Cayennepfeffer
1 l Gemüsebrühe
Salz
Pfeffer

Die Bohnen über Nacht in Wasser einweichen. In einem großen Topf mit reichlich Wasser aufsetzen, aufkochen und für ca. 1 Stunde bei geringer Hitze köcheln lassen, bis die Bohnen weich sind. Den Schaum abschöpfen.

Inzwischen das Gemüse waschen, schälen und in kleine Stücke würfeln. Die Knoblauchzehen ebenfalls schälen und fein hacken. Alles in einem Topf im heißen Olivenöl andünsten. 1 Tasse Wasser zugeben. Bohnenkraut, Lorbeerblatt und Cayennepfeffer beifügen und alles ca. 3 Minuten dünsten.

Die weichen Bohnen abgießen, abtropfen lassen, zum Gemüse geben und mit der Gemüsebrühe zum Kochen bringen. Alles ca. 10 Minuten leicht köcheln und mit Salz und Pfeffer abschmecken.

Kapelle auf Ägina

Kreta – Die köstliche Inselküche Griechenlands

Für viele ist sie Liebe auf den ersten Blick. Andere wollen von der Insel erst erobert werden. Ihrer herben Schönheit, ihren vielen Gegensätzen und vor allem der Gastfreundschaft ihrer Bewohner kann sich letztendlich keiner entziehen.

Überall auf Kreta findet man Spuren der Geschichte. Hier erlebte vor etwa 4000 Jahren das hoch entwickelte Volk der Minoer, deren geheimnisvoller Stierkult bis heute noch nicht enträtselt ist, seine Blütezeit. Später prägten Römer, Byzantiner, Venezianer und Türken die kulturelle Entwicklung der Insel. Eigentlich ist Kreta ein großes Gebirge, das sich aus dem Meer erhebt. Bis in den Mai hinein finden sich hier schneebedeckte Berggipfel, die eine klimatische Trennung zwischen der Ägäis und dem Lybischen Meer bilden.

Die Urlaubszentren liegen an der Nordküste rund um die Städte Chania, Rethymno, Chersonissos, Agios Nikolaos und Sitia. Lange Sandstrände laden dort zum Badeurlaub ein. Im Süden finden wir meistens nur steile Felsküste.
In den fast mittelalterlich anmutenden Bergdörfern geht das Leben seinen gewohnten Gang; „siga siga" – immer langsam, immer ruhig – ist das Lebensmotto. Aus den Kaffeehäusern dringt ausschließlich griechische Musik. Hirten ziehen mit Ziegen- und Schafherden über kahle Hänge, Bauern reiten auf Eseln zur Arbeit auf den Feldern.

Die kretische Bevölkerung lebt größtenteils von der Landwirtschaft, baut Gemüse, Obst,

Wein und Getreide an. An erster Stelle der Agrarproduktion stehen jedoch Oliven und Olivenöl. Während die aromatischen Oliven gerade den Eigenbedarf der Kreter decken, wird das Öl in viele Länder exportiert.

Kreta ist ein Paradies für kulinarische Genüsse. Die Natur schenkt Kreta eine große Auswahl an sonnengereiften Obst- und Gemüsesorten, lässt Oliven für erstklassige Öle sowie Trauben für süffigen Wein gedeihen. Bei einem Spaziergang auf der Insel findet man viele aromatische Wildkräuter, deren Duft die Berge durchströmt und zum fantasievollen Kochen animiert.

Neueste Untersuchen weisen die Küche Kretas als eine der gesündesten der Welt aus. Die reichliche Verwendung von kaltgepresstem Olivenöl kombiniert mit häufigem Genuss von erntefrischem Gemüse, von Hülsenfrüchten und Brot ist die Basis der täglichen Ernährung auf Kreta. Fleisch und Fisch, Eier und Milchprodukte kommen eher selten und in kleinen Mengen auf den Tisch. Das Glas Rotwein zum Mahl ist obligatorisch.
Die Küche Kretas ist eine schlichte, einfache Bauernküche. Sie basiert auf erstklassigen Zutaten und Unverfälschtheit. Die Speisen sind oft schlicht, aber sehr köstlich. Hier kochen die Hausfrau und der Koch in der Taverne uralte Rezepte mit den besten frischen Zutaten. Vieles wird selbst angebaut, anderes auf den bunten Märkten mit Bedacht begutachtet, gerochen, geschmeckt und gewählt.

Wie in ganz Griechenland ist Essen für die Kreter nicht allein zum Sattwerden gedacht. Essen steht hier besonders für Genuss und Geselligkeit. Essen bedeutet Trinken, Essen und Trinken bedeutet Reden, Musik und Tanz. Die Kreter praktizieren eine liebenswerte, unkomplizierte Gastfreundschaft.

Eine Mahlzeit auf Kreta beginnt meist mit einigen Vorspeisen, die ohne feste Reihenfolge auf den Tisch kommen. Dazu reicht man Wein und Wasser, oft auch einen Raki, den allgegenwärtigen selbst gebrannten Tresterschnaps. Und natürlich Brot, das nie fehlen darf. Nach den Vorspeisen kann etwa ein Gemüseragout auf den Tisch kommen, oft mit Hülsenfrüchten, manchmal auch mit gekochtem Fleisch kombiniert. Zu besonderen Anlässen gibt es dann auf Holzkohle gegrilltes oder im Ofen gebratenes Fleisch oder auch Fisch. Als Nachtisch genießt man das frische Obst der Jahreszeit. Wenn möglich sogar von der eigenen Plantage.

Für 4 Personen

8–10 Knoblauchzehen
1 El Kümmel
2 Lorbeerblätter
1 Tl schwarze Pfefferkörner
1 l Gemüsebrühe
180 g Feta
250 g griechischer Joghurt
1 El Mehl
2 Eier
Salz
Pfeffer
einige Blättchen Rucola

Scorthosupa

Knoblauchsuppe

Die Knoblauchzehen schälen, klein schneiden und mit Kümmel, Lorbeerblättern und Pfefferkörnern in einen Topf mit Gemüsebrühe geben. Zum Kochen bringen und ca. 20 Minuten köcheln lassen.
Die Brühe durch ein Sieb abgießen und in einen Topf geben. Den Feta hineinkrümeln. Den Joghurt mit 1 Schöpflöffel heißer Suppe und dem Mehl glatt rühren. Das Ganze in die Suppe rühren und bei kleiner Hitze unter ständigem Rühren weitere 10 Minuten köcheln lassen.
Die Suppe vom Herd nehmen. Die Eier schaumig schlagen und mit 2 Schöpflöffel Suppe verrühren. Die Eier in die Suppe rühren. Mit Salz und Pfeffer abschmecken. Die Suppe in eine Suppenschüssel umfüllen und mit den Rucolablättern garnieren.

Kafe fakes supa

Braune Linsensuppe

Für 4 Personen

250 g kleine braune Linsen
2 mittelgroße Zwiebeln
4 El Olivenöl
1 1/4 l Gemüsebrühe
1–2 Knoblauchzehen
1/4 Tl Zimtpulver
1 Msp. Gewürznelkenpulver
2 Lorbeerblätter
Salz
Pfeffer
1/2 Bund Petersilie
1/2 Becher Crème fraîche oder Joghurt

Die Linsen über Nacht einweichen. Die Zwiebeln schälen und in kleine Würfel schneiden. In einem Topf das Olivenöl erhitzen und die Zwiebeln darin glasig dünsten. Die Linsen abschütten, abtropfen lassen und zu den Zwiebeln geben. Die Gemüsebrühe angießen.
Den Knoblauch schälen, fein hacken, mit Zimt, Nelken und Lorbeerblättern zu den Linsen geben und bei kleiner Hitze ca. 45 Minuten im geschlossenen Topf köcheln lassen, bis die Linsen weich sind. Mit Salz und Pfeffer abschmecken.
Die Petersilie waschen, trockenschütteln und fein hacken. Die Suppe auf Tellern verteilen und mit je 1 Esslöffel Crème fraîche und mit Petersilie servieren.

St. Nikolaus auf Ägina

Für 4 Personen

1 küchenfertiges Suppenhuhn
(oder Hähnchen)
Salz
1 Tasse Reis
1 Stange Lauch
1/2 Sellerieknolle
2 Möhren
1 Zwiebel
2 Eier
Saft von 1 Zitrone
Pfeffer

Kotosupa awgolemono

Hühnersuppe mit Zitrone

Das Huhn gut waschen, in einen großen Topf mit kochendem Wasser geben und salzen.

Das Huhn bei mittlerer Hitze ca. 1 Stunde kochen lassen. Den Reis waschen, zu der Brühe geben und 15 Minuten mitkochen.

Inzwischen das Gemüse waschen, putzen und in gleich große Stücke schneiden. Die Gemüsestücke in die Suppe geben und alles nochmals ca. 20 Minuten köcheln lassen.

Das Huhn aus der Brühe nehmen, enthäuten, vom Knochen lösen und in kleine Stücke schneiden.

Die Eier verquirlen, mit 2 Tassen Brühe vermischen, den Zitronensaft dazugeben und langsam in die Suppe rühren. Nicht mehr aufkochen lassen, da das Ei sonst gerinnt. Das Hühnerfleisch wieder zurückgeben und die Hühnersuppe mit Salz und Pfeffer abschmecken.

Kolokithosupa

Kürbissuppe

Für 4 Personen

1 Stange Lauch
2 Zwiebeln
4 El Olivenöl
800 g fleischiger Kürbis
Salz
Pfeffer
1 Msp. gemahlene Gewürznelke
1 Msp. gemahlener Zimt
1/2 Tl gemahlener Koriander
2 cl Ouzo
1 l Gemüsebrühe
200 g Sauerrahm

Für die Garnitur:

1 kleine rote Zwiebel
1 El Olivenöl
1 Tl fein gehackte Petersilie

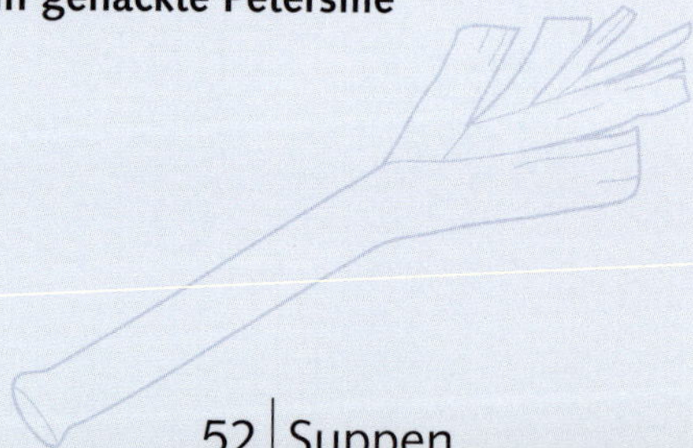

Den Lauch putzen, die äußeren Blätter entfernen, waschen und in Ringe schneiden. Die Zwiebeln schälen und in Scheiben schneiden. In einem großen Topf das Öl erhitzen und den Lauch und die Zwiebeln darin glasig dünsten.

Inzwischen den Kürbis schälen, die Kerne entfernen, das Kürbisfleisch würfeln und in den Topf geben, umrühren. Mit Salz, Pfeffer und den übrigen Gewürzen bestreuen und ca. 5 Minuten anbraten.

Mit Ouzo und etwas Wasser ablöschen. Bei geringer Hitze ca. 20 Minuten schmoren lassen, bis das Kürbisfleisch weich ist.

Den Topf vom Herd nehmen und alles mit dem Pürierstab pürieren. Die Gemüsebrühe langsam dazugießen, die Suppe sollte schön dick und sämig sein. Alles kurz aufkochen lassen. Den Sauerrahm einrühren.

Für die Garnitur die Zwiebel schälen, in feine Ringe schneiden und in Olivenöl glasig dünsten. Die Suppe nochmals mit Salz und Pfeffer abschmecken und mit den Zwiebelringen und der Petersilie bestreut servieren.

Für 4 Personen

400 g Tomaten
1 Zwiebel
3 Knoblauchzehen
6 El Olivenöl
200 g Linsen
2 Lorbeerblätter
2 El Essig
Salz
Pfeffer

Fakes supa

Linsensuppe

Die Tomaten waschen, heiß überbrühen, enthäuten, entkernen und von den Stielansätzen befreien. Das Fruchtfleisch hacken. Die Zwiebel und die Knoblauchzehen schälen und fein hacken.
Das Olivenöl in einem Topf erhitzen. Zwiebel und Knoblauch darin leicht andünsten. Linsen, Tomaten sowie Lorbeer dazugeben. 1 l kochendes Wasser angießen und die Linsen ca. 45–50 Minuten gar köcheln lassen. Die Suppe mit Essig, Salz und Pfeffer abschmecken.

Parthenon auf der Akropolis

Fisch und Meeresfrüchte

Garides Saganaki

Garnelen in Tomatensauce

Den Knoblauch und die Zwiebeln schälen und fein würfeln. Den Feta in grobe Würfel schneiden. Die Hälfte des Olivenöls in einer Pfanne erhitzen und die Zwiebeln und den Knoblauch darin anschwitzen.
Die Tomaten mit dem Saft dazugeben und zerkleinern. Mit Salz, Pfeffer und Zimt würzen. Die Tomatensauce bei geringer Hitze etwas einkochen lassen. Anschließend den Feta dazugeben und kurz darin erwärmen. Die Sauce nochmals abschmecken.
Inzwischen die Garnelen waschen, trockentupfen und den Darm entfernen. In einer weiteren Pfanne das restliche Olivenöl erhitzen und die Garnelen darin leicht braten. Mit Metaxa übergießen und flambieren.
Die Tomatensauce auf eine Platte geben und die Garnelen auf der Sauce anrichten. Mit Petersilie bestreut servieren.

Für 4 Personen

2–3 Knoblauchzehen
3 große Zwiebeln
150 g Feta
5 El Olivenöl
800 g geschälte Tomaten
Salz
Pfeffer
1 Msp. gemahlener Zimt
900 g rohe Riesengarnelen
5 cl Metaxa (Cognac)
1 El gehackte Petersilie

Für 4 Personen

250 g Seelachsfilet (oder Rotbarsch)
Saft von 1 Zitrone
Salz
Pfeffer
1 Bund Frühlingszwiebeln
3 Knoblauchzehen
7 El Olivenöl
250 g passierte Tomaten
250 ml trockener Rotwein
1 Bund Petersilie
5 El Paniermehl
4 Tomaten
Fett für die Form

Psari fourno

Fischauflauf

Die Fischfilets waschen, trockentupfen, in eine feuerfeste Form legen und mit Zitronensaft beträufeln. Mit Salz und Pfeffer würzen. Den Backofen auf 180 °C vorheizen.
Die Frühlingszwiebeln putzen, waschen und bis ins Grün in Ringe schneiden. Die Knoblauchzehen schälen und fein hacken. 6 Esslöffel Olivenöl erhitzen, Zwiebeln und Knoblauch darin andünsten. Die Tomaten dazugeben.
Den Wein aufgießen und 10 Minuten leicht köcheln. Mit Salz und Pfeffer würzen. Die Petersilie waschen, trockenschütteln, fein hacken und unterrühren. Die Sauce über den Fischfilets verteilen und das Paniermehl darüber streuen.
Die Tomaten waschen, die Stielansätze entfernen und in Scheiben schneiden. Die Tomatenscheiben auf den Fisch legen und das restliche Olivenöl darüber verteilen. Den Fisch im Backofen ca. 30–40 Minuten garen lassen.

Aus Poseidons Reich – Fisch & Meeresfrüchte

In einem Küstenland wie Griechenland dürfen Fischgerichte seit jeher nicht auf der Speisekarte fehlen. Ob Oktopus, Tintenfisch, Brasse, Thunfisch, Schwertfisch oder die kleineren Barben – es gibt eine Fülle von Rezepten zu Fisch. Selbstverständlich werden auch Muscheln, Krabben, Garnelen oder Hummer gern gegessen. Die griechische Küche bietet vielfältige Möglichkeiten, die Früchte des Meeres schmackhaft auf den Tisch zu bringen: gegrillt, gebacken, frittiert, gefüllt oder in einer herzhaften Sauce zubereitet. Gerne werden Fische vor dem Garen mariniert. Rosmarin, Knoblauch und reichlich Zitrone zählen dabei zu den beliebtesten Ingredienzien.

In Griechenland wird Fisch hauptsächlich über Holzkohle gegrillt, dadurch bekommt er ein besonderes Aroma. Aber auch im Backofen mit vielen Zwiebeln und Tomatensauce gelingen Fische vorzüglich.
Durch die Überfischung der Ägäis und als Auswirkung von Umwelteinflüssen sind die Fangquoten in den letzten Jahren deutlich zurückgegangen. Daher ist Fisch auch vor Ort teurer geworden und wird mittlerweile nur sparsam auf den täglichen Speisezettel gesetzt.

Für 4 Personen

800 g kleine Tintenfische
Mehl
Salz
Pfeffer
Öl zum Ausbacken
2 unbehandelte Zitronen

Kalmarakia tiganita

Frittierte Tintenfischringe

Die Tintenfische gründlich waschen, trockentupfen und in ca. 1 cm dicke Ringe schneiden. Ausreichend Mehl in eine Schüssel geben, mit Salz und Pfeffer würzen und die Tintenfischringe darin wenden. Reichlich Öl in einer hohen Pfanne erhitzen und die Tintenfischringe darin in 3–4 Minuten goldgelb ausbacken. Mit der Schaumkelle herausnehmen und auf Küchenpapier abtropfen lassen.
Eine Zitrone auspressen, die zweite Zitrone achteln. Die Tintenfischringe auf einer Platte anrichten, mit Zitronensaft beträufeln und mit Zitronenachteln garnieren.

Tonos me saltsa domates

Thunfisch in Tomatensauce

Den Fisch waschen und trockentupfen. Mit dem Zitronensaft beträufeln, salzen und pfeffern. Im geschlossenen Topf einige Zeit kalt stellen.

Die Zwiebeln schälen und in feine Ringe schneiden. Den Knoblauch schälen und fein hacken. Die Paprikaschote waschen, entkernen, vom Stielansatz befreien und das Fruchtfleisch in feine Streifen schneiden. Die Tomaten heiß überbrühen, enthäuten, entkernen, die Stielansätze entfernen und in kleine Würfel schneiden.

Das Öl in einem Topf erhitzen. Zwiebeln, Knoblauch und Paprika darin bei geringer Hitze 10 Minuten dünsten. Tomatenstücke, Pinienkerne und Rosinen einrühren, mit Essig, Zucker, Salz und Pfeffer würzen. Den Fisch darauf legen und mit Sauce bedecken. Zugedeckt ca. 20 Minuten schmoren lassen.

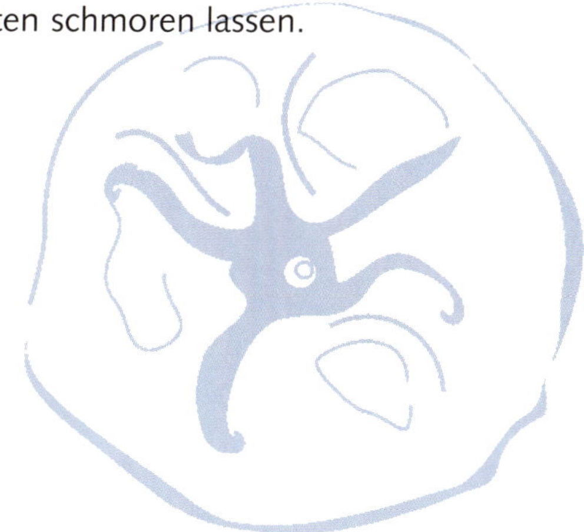

Für 4 Personen

4 Thunfischsteaks (à 200 g)
4 El Zitronensaft
Salz
Pfeffer
3 kleine Zwiebeln
2 Knoblauchzehen
1 rote Paprikaschote
6–8 große Tomaten
4 El Olivenöl
2 El Pinienkerne
2 El Rosinen
Essig
Zucker

Xifilas souvlaki

Schwertfisch am Spieß

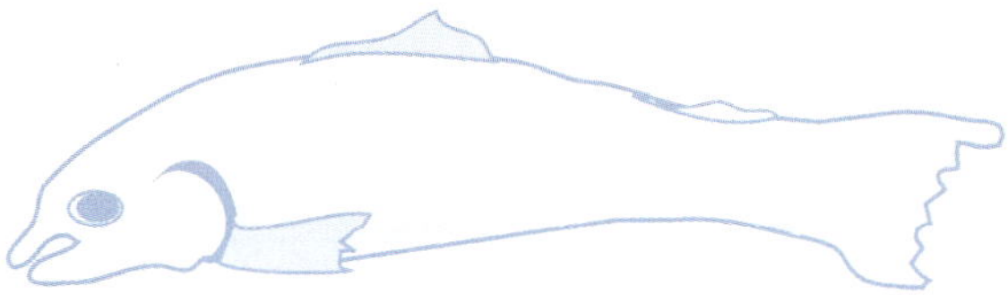

Für 4 Personen

500 g Schwertfischfilet
2 feste Tomaten
2 grüne Paprikaschoten
2 Zwiebeln
Salz
Pfeffer
1 Tl getrockneter Oregano
8 El Olivenöl
einige Petersilienblättchen für die Garnitur
Holzspieße

Den Schwertfisch waschen, trockentupfen und in mundgerechte Würfel schneiden. Den Backofengrill auf 180 °C vorheizen.

Die Tomaten waschen, die Stielansätze entfernen und das Fruchtfleisch in Achtel schneiden. Den Paprika waschen, entkernen und in mundgerechte Stücke schneiden. Die Zwiebeln schälen und in fingerbreite Ringe schneiden.

Salz, Pfeffer, Oregano und Olivenöl vermischen. Fisch und Gemüse abwechselnd auf Holzspieße stecken und in der Ölmarinade wenden. Die Spieße im Backofen 8–12 Minuten grillen, dabei hin und wieder drehen und mit der Ölmarinade beträufeln. Die Spieße auf einer Platte anrichten und mit der Petersilie garnieren.

Für 4 Personen

500 g Tintenfisch, küchenfertig
2 Knoblauchzehen
6 Frühlingszwiebeln
je 1 El frische Petersilie und Basilikum
2 El Olivenöl
1 El grüne Pfefferkörner
2 El Sesamsamen
25 g Anchovis (abtropfen lassen)
1 Zitronengrasstängel, in Scheiben geschnitten
2 cl Ouzo
150 ml Fischbrühe
2 Tl Zitronensaft
75 g Zuckererbsen (TK-Produkt)
Salz
2–3 Basilikumzweige

Chtapodi me Ouzo

Tintenfisch mit Ouzo

Den vorbereiteten Tintenfisch in Streifen schneiden, unter kaltem Wasser waschen und trockentupfen. Den Knoblauch schälen und auspressen. Die Zwiebeln putzen, waschen und in Ringe schneiden. Die Kräuter waschen, trockenschütteln und fein hacken.

Das Öl in einer Pfanne erhitzen. Pfefferkörner und Sesamsamen darin rösten. Tintenfisch, Frühlingszwiebeln und Knoblauch dazugeben und schwenken. Petersilie, Basilikum, Anchovis und Zitronengras einrühren. Ouzo, Fischbrühe und Zitronensaft dazugießen und 12 Minuten köcheln lassen.

Die Zuckererbsen 2 Minuten mitkochen lassen, mit Salz abschmecken und mit Basilikumzweigen garnieren.

Für 4 Personen

1 kg Tintenfisch
2 Zwiebeln
100 ml Olivenöl
150 ml Tomatensaft
Salz
Pfeffer
150 g Reis
1/2 Bund glatte Petersilie

Sepia pilaf

Tintenfisch mit Reis

Die Tintenfische waschen, dabei die Tintenblase vorsichtig entfernen. Die Tinte mit Wasser in eine Schüssel geben.
Die Tintenfische in Stücke schneiden, nochmals waschen und gut abtrocknen. Die Zwiebeln schälen und in feine Würfel schneiden. Das Öl in einer hohen Pfanne erhitzen und die Zwiebel darin andünsten. Die Tintenfischstücke dazugeben, den Tomatensaft angießen. Mit Salz und Pfeffer würzen. Das Ganze 1 Stunde köcheln lassen. Anschließend die Wasser-Tinten-Mischung über das Gericht gießen und aufkochen lassen. Wenn das Gericht kocht, den Reis dazugeben und gegebenenfalls noch Wasser dazugießen. Die Petersilie waschen, trocknen, die Blätter abzupfen und klein schneiden. Wenn der Reis weich ist, das Gericht in eine flache Schüssel füllen und mit Petersilie bestreut servieren.

Barbounia psita

Gegrillte Rotbarben

Die Rotbarben gut von innen und außen waschen, trockentupfen. Mit Salz und Pfeffer von innen und außen würzen, mit Olivenöl einpinseln.
Jeweils einige Kräuterstängel in und um die Fische legen und mit Küchengarn befestigen. Nochmals gründlich mit Öl einpinseln.
Die Fische auf einen Holzkohle- oder Elektrogrill legen und von beiden Seiten 8–10 Minuten grillen. Mit Zitronenachteln garnieren.

Für 4 Personen

8 küchenfertige Rotbarben
Salz
Pfeffer
Olivenöl
einige frische Kräuter, z. B. Thymian, Oregano, Rosmarin, Salbei
2 Zitronen
Küchengarn

Psari vrasto me lachanika

Gekochter Fisch mit Gemüse

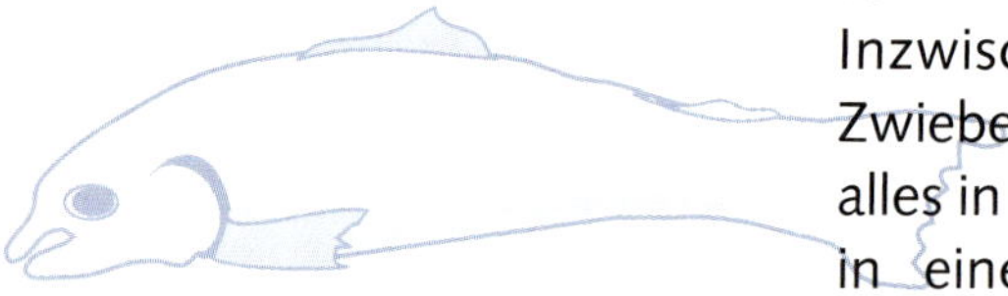

Den Fisch gründlich waschen, abtrocknen, mit Salz einreiben und kurze Zeit liegen lassen.
Inzwischen Kartoffeln, Möhren und Zwiebeln schälen, den Sellerie putzen und alles in grobe Stücke schneiden. Das Ganze in einen großen Topf mit ausreichend Wasser geben und zum Kochen bringen.
Die Tomaten waschen, die Stielansätze entfernen und vierteln. Die Tomaten mit dem Olivenöl in den Gemüsetopf geben und ca. 10–15 Minuten köcheln lassen. Das Gemüse darf nicht gar sein. Dann den Fisch dazugeben und alles so lange weiterköcheln, bis der Fisch gar ist. Mit Salz und Pfeffer abschmecken.
Den Fisch auf eine Fischplatte geben und das Gemüse ringsherum anrichten.

Für 4 Personen

1 kg küchenfertige Dorade (alternativ: Heilbutt oder Schellfisch)
Salz
10 Kartoffeln
6 Möhren
4 Zwiebeln
1 Bund Staudensellerie
3 Tomaten
6 El Olivenöl
Pfeffer

Barbounia marinata

Marinierte Seebarbe

Für 4 Personen

2 Knoblauchzehen
1 Bund Petersilie
1/2 Bund frische Minze
1/2 Tl getrockneter Rosmarin
6 El trockener Weißwein
4 El Olivenöl
Salz
Pfeffer
4 kleine Seebarben
Saft von 1 Zitrone

Den Knoblauch schälen und sehr fein hacken. Petersilie und Minze waschen, trockenschütteln und fein hacken. Aus Knoblauch, Kräutern, Wein, Olivenöl, Salz und Pfeffer eine Marinade rühren.
Die küchenfertigen Fische waschen, trockentupfen und in einer Schüssel mit der Marinade begießen. Die Form abdecken und für mindestens 3 Stunden in den Kühlschrank stellen.
Den Backofengrill vorheizen. Die Fische aus der Marinade nehmen, auf ein Backblech legen und ca. 8 Minuten von beiden Seiten grillen. Dabei immer wieder mit der Marinade begießen.
Die gegrillten Fische auf einer Platte anrichten und mit Zitronensaft beträufelt sofort servieren.

Fleischgerichte

Arni psito

Lamm aus dem Ofen

Für 4 Personen

1 1/2 kg Lammkeule
3–4 Knoblauchzehen
6 El Olivenöl
Saft von 2 Zitronen
Salz
Pfeffer
1 kg Kartoffeln
1 Tl getrockneter Rosmarin
1 Tl getrockneter Thymian

Das Fleisch waschen, trockentupfen und an mehreren Stellen mit einem scharfen Messer kleine Schnitte einschneiden. Die Knoblauchzehen schälen, in Stifte schneiden und in die Fleischschnitte stecken.
Aus Öl, Zitronensaft, Salz und Pfeffer eine Marinade herstellen und mit der Hälfte davon die Lammkeule einreiben. Den Backofen auf 200 °C vorheizen.
Die Kartoffeln schälen, waschen und vierteln bzw. achteln. Die Lammkeule in einen großen Bräter legen und mit der restlichen Ölmischung begießen. Im Backofen 1 Stunde schmoren lassen, gegebenenfalls etwas Wasser angießen.
Nach 1 Stunde die Kartoffeln mit den Kräutern, Salz und Pfeffer vermengen und zum Fleisch geben. Nochmals 1 Stunde schmoren lassen, dabei das Fleisch und die Kartoffeln öfters drehen und immer wieder mit Bratensaft begießen.
Das Fleisch aus dem Ofen nehmen, in Alufolie wickeln und 5 Minuten ruhen lassen. Danach aufschneiden, auf einer Platte anrichten und mit den Kartoffeln umlegen.

Für 4 Personen

500–800 g Lammfleisch (ohne Knochen)
4 El Olivenöl
1 Zwiebel
1 kleine Dose Tomatenpüree
Salz
Pfeffer
1 Prise Zucker
200 g Reisnudeln
100 g geriebener Kefalotiri oder Parmesan

Arni juvetsi

Lamm im Tontopf

Das Lammfleisch waschen, trockentupfen und in mundgerechte Stücke schneiden. Das Olivenöl in einem Topf erhitzen und die Fleischstücke darin von allen Seiten anbraten. Die Zwiebel schälen, in kleine Würfel schneiden und zum Fleisch geben.
Wenn die Zwiebel eine goldgelbe Farbe angenommen hat, das Tomatenpüree dazugeben und kurz mitdünsten. Mit Salz, Pfeffer und Zucker würzen. Etwas Wasser angießen und bei geringer Hitze ca. 1 Stunde köcheln lassen.
Das Lamm mit der Sauce in einen gewässerten Tontopf geben. Mit 500 ml warmem Wasser aufgießen und den Reis dazugeben. Den Topf mit dem Deckel verschließen und im vorgeheizten Backofen ca. 45 Minuten bei 175 °C garen. Den geriebenen Käse darüber streuen und im offenen Topf 10–15 Minuten überbacken.

Fleischgerichte

Fleisch in der griechischen Küche

In der griechischen Küche wird hauptsächlich mit Geflügel, Lamm- oder Ziegenfleisch, Kalbfleisch und Kaninchen gekocht. Daneben sind aber auch Innereien sehr beliebt – eine besondere Spezialität ist die „Majiritsa", Lammsuppe, in der Lammfleisch und Innereien verarbeitet werden. Die Suppe wird traditionell in der Osternacht als Höhepunkt und Ende der Fastenzeit serviert.

Fleischmahlzeiten sind oft aufwändig angerichtete Schmorgerichte, die eine lange Garzeit haben und deshalb nicht jeden Tag auf dem Speisezettel stehen. Deshalb wird Fleisch häufig gegrillt und mit etwas Salat, Tzatziki und frischem Weißbrot gegessen.

Sehr oft kochen die Griechen mit Hackfleisch. Es wird vorwiegend zu kleinen Fleischklößchen oder Würstchen verarbeitet und mal mit, mal ohne Sauce, kalt oder warm als Vorspeise oder Hauptgang verzehrt.

Fleisch würzen die Griechen mit besonderen Kräutern wie Minze, Fenchel, Thymian, Rosmarin, Salbei, Oregano und vor allem mit Petersilie. Die Kräuter werden zumeist frisch verarbeitet. Aber auch ausgefallene, orientalisch anmutende Gewürze wie Zimt, Koriander und Kreuzkümmel sind in griechischen Fleischgerichten zu finden.

Für 4 Personen

800 g Lammfleisch ohne Knochen (Keule oder Schulter)
2 mittelgroße Zwiebeln
2 Knoblauchzehen
750 g Tomaten (evtl. aus der Dose)
6 El Olivenöl
1 El Tomatenmark
125 ml Gemüsebrühe
Salz
Pfeffer
650 g grüne Bohnen
500 g Kartoffeln

Kreas me freska fasolakia

Lammfleisch mit grünen Bohnen

Das Lammfleisch gut waschen, trockentupfen und in mundgerechte Stücke schneiden. Die Zwiebeln schälen und in kleine Würfel schneiden. Den Knoblauch schälen und fein hacken. Die Tomaten heiß überbrühen, enthäuten und in kleine Würfel schneiden.

Das Öl in einem großen Topf erhitzen und das Fleisch darin anbraten. Zwiebeln und Knoblauch dazugeben und mit anbraten, dann die Tomaten und das Tomatenmark einrühren. Die Brühe angießen und mit Salz und Pfeffer würzen. Mit geschlossenem Deckel bei geringer Hitze ca. 1 Stunde köcheln lassen.

Inzwischen die Bohnen waschen, putzen und quer halbieren. Die Kartoffeln schälen, waschen und in Würfel schneiden. Beides zu dem Fleisch geben und so lange köcheln lassen, bis Bohnen und Kartoffeln weich sind, eventuell etwas Wasser nachgießen. Nochmals mit Salz und Pfeffer abschmecken.

Für 4 Personen

1 großes küchenfertiges Hähnchen
Salz
Pfeffer
1/2 Tl gemahlener Koriander
1/2 Tl Kreuzkümmel
3 Zwiebeln
5 Knoblauchzehen
1 Lorbeerblatt
12 frische Feigen
250 ml roter Portwein
1 unbehandelte Zitrone
1 El gehackte Petersilie

Kotopoulo me syka

Hähnchen mit Feigen in Portwein

Das Hähnchen waschen, trockentupfen und in Portionsstücke schneiden. Mit Salz, Pfeffer und den übrigen Gewürzen einreiben. Den Backofen auf 180 °C vorheizen.
Die Zwiebeln schälen und in feine Ringe schneiden. Den Knoblauch schälen und im Ganzen mit den Zwiebelringen in eine feuerfeste Form legen.
Lorbeerblatt und Feigen dazugeben und die Geflügelteile dazwischenlegen. Mit Wein aufgießen und zugedeckt im Backofen ca. 1 Stunde schmoren lassen.
Die Zitrone waschen, die Schale abreiben und den Zitronensaft auspressen. Beides in die Sauce einrühren und weitere 10 Minuten garen lassen. Alles auf einer Platte anrichten und mit der Petersilie bestreut servieren.

Moschari stifado me domates

Kalbsragout mit Tomaten

Für 4 Personen

800 g Kalbfleisch
7–8 Zwiebeln
8 Tomaten
4 El Olivenöl
2 Knoblauchzehen
125 ml Rotwein
1 El Essig
100 ml Fleischbrühe
Salz
Pfeffer
1 Msp. Kreuzkümmel
1 Msp. Zimtpulver

Das Fleisch waschen, trockentupfen und in nicht zu kleine Stücke schneiden. Die Zwiebeln schälen und grob würfeln. Die Tomaten heiß überbrühen, enthäuten und in kleine Würfel schneiden.

Das Fleisch im heißen Olivenöl anbraten. Die Zwiebeln dazugeben und mit anbraten. Den Knoblauch schälen und dazupressen.

Die Tomaten mit Rotwein, Essig und Fleischbrühe dazugeben, mit Salz, Pfeffer, Kreuzkümmel und Zimt würzen. Im geschlossenen Topf gut 1 1/2–2 Stunden schmoren lassen. Eventuell noch etwas Wasser nachgießen. Das Kalbsragout heiß servieren.

Für 4 Personen

1 großes küchenfertiges Hähnchen
Saft von 1/2 Zitrone
Salz
Pfeffer
1 El mittelscharfer Senf
800 g kleine Kartoffeln
1 El getrockneter Thymian
4 El Olivenöl

Kotopoulo psito

Hähnchen aus dem Ofen

Das Hähnchen gut waschen und trockentupfen. Von innen und außen mit dem Zitronensaft einreiben, salzen und pfeffern. Das Hähnchen von außen mit Senf einreiben. Den Backofen auf 175 °C vorheizen.
Die Kartoffeln schälen und waschen, auf ein Backblech legen, mit Thymian, Salz und Pfeffer würzen. Das Hähnchen dazugeben. Öl und etwas Wasser darüber geben.
Alles im Ofen ca. 1 1/2 Stunden braten, das Hähnchen hin und wieder wenden, bis es von allen Seiten gebräunt ist.

Kouneli kaimaki

Kaninchen in Rahmsauce

Für 4 Personen

Schale von 1/2 Zitrone, unbehandelt
1 El Weißweinessig
500 ml trockener Weißwein
Salz
2 Lorbeerblätter
2 Gewürznelken
1 Zweig Estragon
1 küchenfertiges Kaninchen
2 El Olivenöl
2 Zwiebeln
Salz
Pfeffer
125 g Sahne
1/2 Becher Crème fraîche

Zitronenschale, Weißweinessig, Weißwein, Salz, Lorbeerblätter, Gewürznelken und Estragon in einem Topf aufkochen. Vom Herd nehmen und abkühlen lassen.
Das Kaninchen waschen, trockentupfen, in eine Schüssel geben und mit der Marinade übergießen. Zugedeckt mindestens 6 Stunden ziehen lassen.
Das Kaninchen aus der Marinade nehmen, abtropfen lassen und trockentupfen. Die Marinade beiseite stellen. Das Öl in einem Topf erhitzen und das Kaninchen (falls notwendig teilen) darin von allen Seiten anbraten.
Die Zwiebeln schälen, in kleine Würfel schneiden und dazugeben. Die Marinade aufgießen. Mit Salz und Pfeffer würzen und ca. 45 Minuten schmoren lassen. Sahne und Crème fraîche unterrühren, nochmals mit Salz und Pfeffer abschmecken.

Für 4 Personen

1 Zwiebel
1 Bund Petersilie
500 g Hackfleisch
50 g gegarter Reis
1 Ei
Salz
Pfeffer

Für die Sauce:
2 Eier
Saft von 2 Zitronen

Juvarlakia avgolemono

Fleischbällchen mit Ei-Zitronen-Sauce

Die Zwiebel schälen und fein würfeln. Die Petersilie waschen, trockenschütteln und fein hacken, 1 Esslöffel beiseite stellen. Die gesamten Zutaten in eine Schüssel geben, gut durchkneten und mit den Händen zu kleinen Bällchen formen (ergibt ca. 20–25 Bällchen).
In einem Topf Wasser zum Kochen bringen, die Hackfleischbällchen hineingeben. Bei geringer Hitze ca. 15 Minuten köcheln lassen.
Wenn das Fleisch gar ist, die Eier mit dem Zitronensaft verquirlen, 1 Schöpflöffel der Fleischbrühe unterrühren. Die Eimischung langsam in den Topf gießen und sofort verrühren.
Die Fleischklößchen auf tiefen Tellern anrichten und mit der restlichen Petersilie garnieren.

Für 4 Personen

4 Knoblauchzehen
8 El Olivenöl
2 El getrockneter Thymian
Saft von 1 Zitrone
12 Lammkoteletts
Salz
Pfeffer

Paidakia

Gegrillte Lammkoteletts

Den Knoblauch schälen und auspressen. Mit Olivenöl, Thymian und Zitronensaft verrühren.
Die Koteletts waschen, trockentupfen und in die Marinade legen. Einige Stunden darin ziehen lassen.
Die Koteletts direkt aus der Marinade auf einen Holzkohle- oder Tischgrill legen und von beiden Seiten ca. 5 Minuten grillen lassen, dabei hin und wieder mit der Marinade bepinseln. Mit Salz und Pfeffer würzen.

Pilafi me arnaki

Lamm mit Pilaf

Für 4 Personen

1 kg Lammschulter (ohne Knochen)
Salz
Pfeffer
500 g Reis
Hartkäse zum Bestreuen (z. B. Kefalotiri)

Die Lammschulter waschen und trockentupfen. In einem Topf Salzwasser zum Kochen bringen und das Fleisch darin ca. 1 Stunde bei mittlerer Hitze garen, bis es weich ist.

Das Fleisch herausnehmen, mit Salz und Pfeffer würzen. Die Lammschulter in mundgerechte Stücke schneiden und warm halten.

Den Fleischsud durch ein Sieb in einen Topf gießen. Den Reis in die Brühe geben und bei mittlerer Hitze zum Kochen bringen. Bei geringer Hitze garen lassen, dabei immer wieder umrühren.

Wenn der Reis gar ist, das Fleisch auf einer Platte anrichten und mit dem Reis umlegen. Das Ganze mit dem Käse bestreuen und sofort servieren.

Für 4 Personen

4 große Wachteln
3 Knoblauchzehen
Salz
Pfeffer
3 El Olivenöl

Ortikia skaras

Wachteln vom Grill

Die Wachteln gut waschen und trockentupfen. Den Backofengrill vorheizen.
Die Knoblauchzehen schälen und in Stifte schneiden. Die Knoblauchstifte in Salz wenden. In die Wachteln mit einem spitzen Messer mehrere kleine Schlitze schneiden und diese mit den Knoblauchstiften spicken.
Die Wachteln salzen und pfeffern, mit Öl einreiben. Im Backofengrill goldbraun braten. Ab und zu wenden. Auf einer Platte anrichten und heiß servieren.

Amphitheater von Delphi

Für 4 Personen

6 kleine rote Zwiebeln
3 Knoblauchzehen
5 El Olivenöl
1 kg Lammschulter (ohne Knochen)
1 Zweig Rosmarin
1 Zweig Thymian
20 ml Rotwein
200 ml Lammfond
Salz
Pfeffer
1 El Mehl

Arni me saltsa

Geschmorte Lammschulter in Rotwein

Die Zwiebeln schälen und vierteln. Die Knoblauchzehen schälen. Das Öl in einem Topf erhitzen. Das Fleisch waschen, trockentupfen und im heißen Olivenöl von allen Seiten anbraten. Aus dem Topf nehmen. Den Backofen auf 160 °C vorheizen. Zwiebeln und Knoblauch im verbliebenen Olivenöl ca. 2 Minuten andünsten. Rosmarin und Thymian dazugeben, mit Rotwein und Lammfond ablöschen. Die Lammschulter mit Salz und Pfeffer würzen und zurück in den Topf geben.
Im Backofen ca. 1 1/2–2 Stunden schmoren lassen. Die Lammschulter aus dem Ofen nehmen, unter Alufolie warm halten. Den Bratenfond durch ein Sieb in einen Topf streichen und aufkochen lassen, mit Mehl binden. Die Lammschulter aufschneiden und auf einer Platte anrichten, mit der Sauce übergießen und servieren.

Skortho kotopoulo scharas

Knoblauchhähnchen vom Grill

Für 4 Personen

2 küchenfertige Hähnchen
Salz
Pfeffer
5 El Olivenöl
1/2 Tl Kreuzkümmel
1 Msp. Zimtpulver
1 Tl getrockneter Oregano
2 El getrockneter Thymian
10–12 Knoblauchzehen

Den Backofengrill vorheizen. Die Hähnchen waschen, trockentupfen und halbieren. Mit Salz und Pfeffer einreiben. Das Olivenöl mit den Gewürzen mischen und das Fleisch mit der Mischung einreiben. Die Fleischstücke für mindestens 2 Stunden ziehen lassen. Etwa 2 Esslöffel Ölmischung aufheben.

Knoblauchzehen schälen und 5 davon in Stifte schneiden. Die Hähnchenhaut nach dem Marinieren mit einem scharfen Messer mehrmals einritzen. Die Knoblauchstifte unter die Haut schieben. Die Hähnchen auf einem Grillrost ca. 35–45 Minuten grillen. Hin und wieder wenden und mit Thymian bestreuen.

15 Minuten vor Ende der Garzeit die ganzen Knoblauchzehen und die restliche Ölmischung vermischen und eingewickelt in Alufolie im Backofen mitgaren. Die Hähnchen auf einer Platte anrichten und mit dem Knoblauchgemüse umlegen.

Für 4 Personen

500 g Lammfleisch
2 El Oregano
6 El Olivenöl
Salz
Pfeffer
1 Prise Kreuzkümmel
1 Tl Paprikapulver
1 Zitrone
Holzspieße

Suvlakia

Fleischspieße

Das Fleisch waschen, trockentupfen und in 2–3 cm große Stücke schneiden. Die Fleischstücke dicht auf die Holzspießchen stecken. Oregano, Olivenöl, Salz, Pfeffer, Kreuzkümmel und Paprikapulver miteinander verrühren.

Die Fleischspießchen in die Marinade legen und für einige Stunden kalt stellen. Einen Holzkohle- oder Tischgrill aufheizen und die Spieße darauf ca. 10 Minuten grillen. Hin und wieder wenden und mit der Marinade bepinseln.

Die Zitrone achteln und mit den Fleischspießchen servieren.

Für 4 Personen

1 kg Schweinekeule
Salz
Pfeffer
4 Knoblauchzehen
100 ml Olivenöl
3 Zweige Oregano
Saft von 1 Zitrone
1 große Zwiebel
2 El Senf

Psito

Griechischer Schweinebraten

Das Fleisch waschen, trockentupfen, salzen und pfeffern. Mit einem scharfen Messer 8 kleine Schnitte in das Fleisch schneiden. Den Knoblauch schälen, halbieren und in die Fleischschlitze stecken. Anschließend mit Olivenöl, Oregano und Zitronensaft einreiben. Über Nacht im Kühlschrank ziehen lassen.

Die Zwiebel schälen und grob würfeln. In einer Pfanne Olivenöl erhitzen und darin das Fleisch und die Zwiebel gleichmäßig anbraten. Mit Wasser ablöschen, bis der halbe Braten bedeckt ist. Bei mittlerer Hitze 1 Stunde garen lassen.

Den Backofen auf 220 °C vorheizen. Den Baten in einer feuerfesten Form im Backofen ca. 30 Minuten braten lassen. Mit Senf bestreichen und so lange braten, bis sich eine Kruste gebildet hat. Den Braten in nicht zu dicke Scheiben schneiden und auf einer Fleischplatte anrichten.

Kleine Kirche an der Küste von Ios

Für 4 Personen

1 doppeltes Lendenkotelettstück (2–3 kg)
1 Zitrone, unbehandelt
40 ml Olivenöl
Salz
Pfeffer
2 El frisch gehackter Thymian

Psito arni

Gebratener Lammsattel

Das Fleisch waschen und trockentupfen. Den Backofen auf 170 °C vorheizen. Die Zitrone waschen, abtrocknen und die Schale abreiben, den Saft auspressen.

Das Fleisch mit Zitronensaft und Olivenöl einreiben. Salz, Pfeffer, Thymian und Zitronenschale vermischen. Am Rückgrat unter der Fettschicht entlang eine Öffnung schaffen. Die Kräutermischung in diese Öffnung drücken, die Brustseite damit einreiben.

Das Fleisch in einen Bräter legen und im Backofen ca. 3 Stunden braten lassen. Das Fleisch sollte sich ganz leicht vom Knochen lösen lassen.

Gemüsegerichte

Jemistes piperies

Gefüllte Paprika

Für 4 Personen

5 große rote Paprikaschoten
60 g Butter
1 kleine Zwiebel
1 zerdrückte Knoblauchzehe
115 g Mehl
250 ml Milch
1 El frische glatte Petersilie, gehackt
300 g Thunfisch in Öl, abgetropft
Salz
70 g Paniermehl
1/2 Tl Paprikapulver
2 leicht geschlagene Eier
Olivenöl zum Frittieren
Zahnstocher

Den Backofengrill auf 200 °C vorheizen. Die Paprikaschoten putzen, entkernen und vierteln. Mit der Außenhaut nach oben in den heißen Backofen legen, bis die Haut schwarz ist und Blasen wirft. Abkühlen lassen und die Haut abziehen.

Die Butter bei mittlerer Hitze zerlassen. Die Zwiebel schälen, fein hacken und mit dem Knoblauch in der Butter ca. 2 Minuten weich dünsten. 30 g Mehl hinzugeben und ca. 1 Minute verrühren, bis es eine goldgelbe Farbe annimmt. Vom Herd nehmen und nach und nach die Milch einrühren. Unter ständigem Rühren auf dem Herd aufkochen, bis die Masse eindickt und sich von den Seiten des Topfes löst. Petersilie, Thunfisch und etwas Salz zu der Masse geben. Das Ganze abkühlen lassen.

Je 1 Esslöffel der Füllung an den kurzen Rand jeder Paprika setzen, aufrollen und mit einem Zahnstocher feststecken. Das Paniermehl mit dem Paprikapulver vermischen.

Die gefüllte Paprika im restlichen Mehl wenden, die Eier aufschlagen und verquirlen. Die Paprikaröllchen in die Eier tauchen, abtropfen lassen und dann im Paniermehl wenden.

In einer hohen Pfanne reichlich Olivenöl erhitzen. Die Paprikaröllchen darin ca. 2 Minuten frittieren lassen und auf Küchenpapier abtropfen lassen.

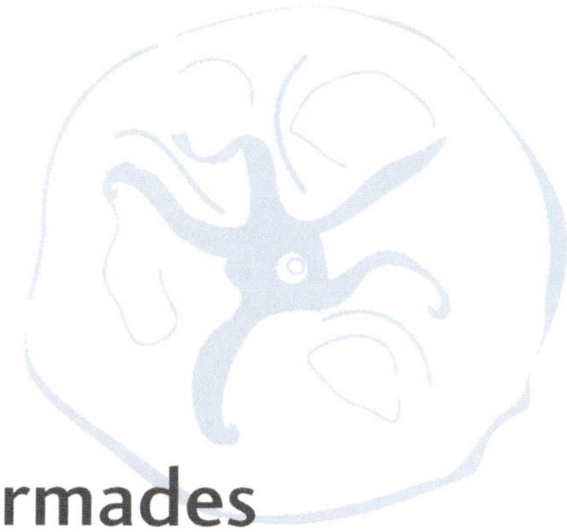

Für 4 Personen

1 großer Weißkohl
200 g Langkorn-Reis
Salz
1 Bund Petersilie
1 Bund Minze
2 Zwiebeln
1 Knoblauchzehe
4 El Tomatenmark
Pfeffer
75 ml Olivenöl

Sarmades

Gefüllte Weißkohlblätter

Den Weißkohl von den äußeren Blättern und vom Strunk befreien. Die großen Blätter vorsichtig ablösen und in kochendem Wasser kurz blanchieren. Kalt abspülen und abtropfen lassen. Inzwischen den Reis in Salzwasser gar kochen.
Die Kräuter waschen, trockenschütteln und fein hacken. Zwiebeln und Knoblauch schälen und sehr fein würfeln. Alles mit Reis, Tomatenmark, Salz, Pfeffer und 4 Esslöffel Olivenöl würzen.
Die Weißkohlblätter auf einer Arbeitsfläche ausbreiten, halbieren und die harte Rippe entfernen. Jeweils 2 Teelöffel der Füllung in die Mitte der Blätter geben, die Seiten nach innen einschlagen und die Blätter aufrollen. Dicht an dicht in einen entsprechend großen Topf legen, das restliche Olivenöl darüber träufeln. Mit Wasser aufgießen, dass die Kohlblätter knapp bedeckt sind. Aufkochen lassen und zugedeckt bei geringer Hitze etwa 1 Stunde garen lassen. Dabei hin und wieder leicht am Topf schütteln, damit die Weißkohlröllchen nicht anbrennen. Auf einer Platte anrichten und warm servieren.

Die fleischlose Küche in der orthodoxen Fastenzeit

Die orthodoxe Kirche Griechenlands hat bis heute klare Vorstellungen von der Fastenzeit vor großen Festen wie z. B. Weihnachten, Ostern oder Maria Himmelfahrt. Hauptsächlich in Klöstern werden zusätzlich der Mittwoch und der Freitag als Fastentage angesehen. An diesen Tagen ist der Genuss von tierischen Produkten untersagt, wobei während der Fastenzeit vor Ostern selbst der Genuss von Olivenöl nicht erlaubt ist. Oliven dürfen dagegen gegessen werden.

Die Tatsache, dass die Olive zu den Lebensmitteln gehört, die auch während der Fastenzeit auf den Tisch kommen, hat ihr einen speziellen Stellenwert in der griechischen Küche eingeräumt. In den Klöstern wurden die technischen Prozesse zur Konservierung der Olive entwickelt, wie das auch mit Wein und Getreide der Fall war. Hier gehört die Olive zum „täglichen Brot" der Klosterinsassen. Alte Quellen berichten, dass sich die Mönche auf dem Heiligen Berg Athos im 19. Jahrhundert hauptsächlich von Saubohnen, Gemüse und gesalzenen Oliven ernährten.

Griechenlands religiösen Traditionen führten schließlich dazu, dass die Griechen eine hervorragende fleischlose Küche entwickelten. Bis heute findet man eine große Auswahl an schmackhaften Gemüsegerichten mit den unterschiedlichsten Arten der Zubereitung: Gemüse gebraten, überbacken, gefüllt, in einer delikaten Sauce, mit verschiedenen Käsesorten zubereitet – der Kochkreativität sind hier keine Grenzen gesetzt.

Kolokitho keftedes

Zucchinipuffer

Für 4 Personen

600 g Zucchini
Salz
2 Zwiebeln
2 Eier
1 Bund Petersilie, fein gehackt
1 Tl Minze, fein gehackt
1/2 El Olivenöl
150 g Paniermehl
120 g geriebener Käse
Pfeffer
2 El Mehl
Sonnenblumenöl zum Ausbacken

Die Zucchini waschen, in Streifen schälen und von Stiel- und Blütenansätzen befreien. Zucchini in Scheiben schneiden und in Salzwasser etwa 4 Minuten garen lassen. Abgießen, abtropfen, pürieren und in eine Schüssel geben.
Die Zwiebeln schälen, fein hacken und unter das Zucchinipüree geben. Eier, Kräuter, Olivenöl, Paniermehl und Käse unterrühren, mit Salz und Pfeffer abschmecken. Etwa 5 Minuten ruhen lassen. Die Masse zu ca. 1 cm dicken Puffern formen. In Mehl wenden und im heißen Öl in 2–3 Minuten goldbraun ausbacken. Die Puffer aus dem Öl nehmen und auf Küchenpapier abtropfen lassen. Heiß oder kalt servieren.

Gasse in Kavala

Kolokithakia jemista

Gefüllte Zucchiniblüten

Für 4 Personen

10–12 Zucchiniblüten
80 g Langkorn-Reis
1 Zwiebel
7 El Tomatenpüree aus der Dose
2 El Olivenöl
Salz
Pfeffer
2 El Minze, gehackt
2 El glatte Petersilie, gehackt

Die Zucchiniblüten mit einer Schere von den Staubgefäßen befreien und ganz vorsichtig waschen. Ebenso vorsichtig trockenschütteln und von den kleinen grünen Blättern befreien.
Den Reis waschen und in eine Schüssel füllen. Die Zwiebel schälen und fein würfeln. Mit Tomatenpüree, Olivenöl, Salz, Pfeffer und Kräutern unter den Reis mischen.
Die Zucchiniblüten vorsichtig mit jeweils 1/2–1 Teelöffel der Reismischung füllen. Die Blütenränder umklappen und mit den eingeschlagenen Rändern nach unten dicht nebeneinander in einen entsprechend großen Topf legen.
So viel Wasser angießen, bis der Topfboden gerade so bedeckt ist. Die Zucchiniblüten langsam zum Kochen bringen und zugedeckt 30 Minuten garen lassen. Bei Bedarf Wasser zugießen. Nach Ende der Kochzeit prüfen, ob die Füllung gar ist, gegebenenfalls die Garzeit erhöhen.

Melitsanes me risi

Auberginen mit Reis

Die Tomaten waschen, heiß überbrühen, enthäuten, entkernen, von den Stielansätzen befreien und klein hacken. Die Zwiebel schälen und fein würfeln. Die Knoblauchzehe schälen und fein hacken. Die Auberginen waschen, putzen und in mundgerechte Stücke schneiden. Olivenöl erhitzen, Zwiebel und Knoblauch darin andünsten. Auberginen dazugeben und mit anbraten. Die Tomaten unterrühren. 10 Minuten bei geringer Hitze köcheln lassen. Reis und Brühe dazugeben. Die Petersilie waschen, trockenschütteln, fein hacken und zugeben. Mit Salz, Pfeffer und Paprikapulver abschmecken. Zugedeckt bei geringer Hitze ca. 20 Minuten garen. Wenn die Mischung zu trocken wird, noch etwas Wasser nachgießen. Nochmals herzhaft abschmecken und servieren.

Für 4 Personen

3 Tomaten
1 Zwiebel
1 Knoblauchzehe
500 g Auberginen
6 El Olivenöl
150 g Langkorn-Reis
400 ml Brühe
1 kleiner Bund Petersilie
Salz
Pfeffer
Paprikapulver

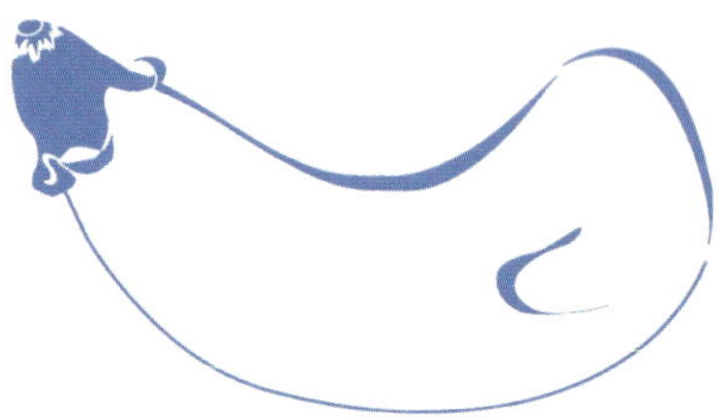

Für 4 Personen

1 kleiner Blumenkohl
Salz
4 El Olivenöl
8–10 Eier
80 g geriebener Kefalotiri oder Parmesan
Pfeffer
Paprikapulver

Kunupidi omeleta

Blumenkohl-Omelett

Den Blumenkohl putzen und in sehr kleine Röschen zerteilen. Die Blumenkohlröschen waschen und in Salzwasser ca. 8 Minuten garen. Dann das Wasser abgießen und den Blumenkohl gut abtropfen lassen.
Das Olivenöl erhitzen, den Blumenkohl darin andünsten, nicht bräunen. Inzwischen die Eier mit dem Käse verquirlen, mit Salz und Pfeffer würzen und zum Gemüse geben. Das Omelett bei geringer Hitze langsam stocken lassen.
Auf einen großen Teller gleiten lassen, mit Paprikapulver bestreuen und heiß servieren.

Für 4 Personen

1,5 kg frischer Spinat
5 Zwiebeln
4 El Olivenöl
200 g Reis
Salz
Saft von 1 Zitrone
Pfeffer
1/2 Bund Petersilie
1/2 Bund Dill oder Minze

Spanakorizo

Spinatreis

Den Spinat sehr gründlich waschen. Die Stielenden entfernen und die Blätter grob hacken. Die Zwiebeln schälen und in kleine Stücke würfeln.

In einem ausreichend großen Topf die Zwiebeln im heißen Öl glasig dünsten, den Spinat mit 125 ml Wasser zugeben und ca. 8 Minuten kochen.

Den Reis mit 500 ml Salzwasser zugeben und bei geringer Hitze ca. 20 Minuten köcheln lassen. Den Zitronensaft dazugeben und mit Salz und Pfeffer abschmecken.

Die Kräuter waschen, trockenschütteln, fein hacken und über den Spinatreis geben. Sofort heiß servieren.

Für 4 Personen

500 g getrocknete dicke weiße Bohnen
2 Zwiebeln
4 El Olivenöl
125 ml trockener Weißwein
400 g Artischockenherzen (aus der Dose)
Zitronensaft
Salz
Pfeffer
1/2 Bund Dill
4 Zweige Minze

Gigantes me anginares

Dicke Bohnen mit Artischocken

Die Bohnen über Nacht einweichen, abgießen und in Salzwasser ca. 50 Minuten gar kochen. Die Zwiebeln schälen und in feine Ringe schneiden.
Das Öl in einem Topf erhitzen und die Zwiebeln darin glasig dünsten, mit dem Weißwein ablöschen. Die Bohnen dazugeben und ca. 5 Minuten köcheln. Die Artischockenherzen dazugeben, mit Zitronensaft, Salz und Pfeffer würzen. Zugedeckt weitere 5 Minuten garen.
Die Kräuter waschen, trockenschütteln, abzupfen, fein hacken und unter das Gemüse mischen. Nochmals abschmecken. Heiß oder lauwarm servieren.

Panzaria dolmades

Mangoldrouladen

Für 4 Personen

1 Mangoldstaude
200 g Reis
Salz
200 g Feta
1/2 Bund Petersilie
3 Eier
1 Knoblauchzehe
1 mittelgroße Zwiebel
1 El Olivenöl
100 ml Gemüsebrühe
5 El trockener Weißwein
2 El griechischer Sahnejoghurt
Küchengarn oder Zahnstocher

Mangold verlesen, putzen, waschen, die Stiele entfernen und diese fein würfeln. Die Mangoldblätter in kochendem Wasser ca. 2 Minuten blanchieren, kalt abspülen und auf Küchenpapier legen. Inzwischen den Reis in Salzwasser gar kochen.

Den Feta zerbröseln. Die Petersilie waschen, trockenschütteln und fein hacken. Die Eier verquirlen und Feta, Petersilie und Reis untermischen. Mit Salz würzen. Die Knoblauchzehe schälen und dazupressen.

Die Masse auf die Mitte der Mangoldblätter verteilen, die Seiten einschlagen und zu Rouladen drehen. Mit Küchengarn oder Zahnstochern fixieren.

Die Zwiebel schälen, fein würfeln und mit den Mangoldwürfeln im Olivenöl glasig braten. Die Rouladen dazugeben und kurz mitbraten. Nacheinander Brühe, Weißwein und Joghurt zugeben. Bei geschlossenem Deckel und bei mittlerer Hitze ca. 15 Minuten schmoren lassen. Die Rouladen mit der Sauce auf Tellern anrichten.

Briam

Geschmortes Gemüse

Für 4 Personen

6–7 große reife Tomaten
2 Zwiebeln
300 g grüne Bohnen
1 grüne Paprikaschote
2 Zucchini
1 mittelgroße Aubergine
400 g Kartoffeln
125 ml Olivenöl
2 Knoblauchzehen
200 ml Gemüsebrühe
einige Zweige Oregano
Salz
Pfeffer

Alles Gemüse waschen, putzen und gegebenenfalls schälen. Die Tomaten überbrühen, enthäuten. Die Zwiebeln in dünne Ringe schneiden. Die Bohnen quer halbieren. Das übrige Gemüse in grobe Stücke schneiden.

Das Öl in einem ausreichend großen Topf erhitzen und die Zwiebel darin etwas andünsten. Den Knoblauch dazupressen, das Gemüse dazugeben und mit der Brühe angießen.

Die Oreganozweige waschen, trockenschütteln, die Blättchen abzupfen, fein hacken und zu dem Gemüse geben. Mit Salz und Pfeffer abschmecken. Zugedeckt ca. 45 Minuten schmoren lassen.

Für 4 Personen

1 kg frische Champignons
600 g Tomaten
3 Zwiebeln
3 Knoblauchzehen
4 El Olivenöl
3 El Zitronensaft
1 El Mehl
125 ml Gemüsebrühe
4 El Crème fraîche
1 kleine getrocknete Chilischote
1 Tl getrockneter Oregano
1 Tl getrockneter Rosmarin
Salz
Pfeffer
200 g Gorgonzola

Manitaria sto fourno

Überbackene Champignons

Die Champignons putzen, mit Küchenpapier vorsichtig säubern und in Scheiben schneiden. Die Tomaten heiß überbrühen, enthäuten, entkernen, die Stielansätze entfernen und das Fruchtfleisch in Würfel schneiden. Zwiebeln und Knoblauch schälen und fein hacken.

Den Backofen auf 225 °C vorheizen. In einer ausreichend großen Pfanne das Olivenöl erhitzen, die Zwiebeln und den Knoblauch darin leicht anbraten. Champignons zugeben und bei geringer Hitze 10 Minuten braten, bis die Pilze bräunen. Die Tomatenwürfel und den Zitronensaft dazugeben.

Das Mehl mit etwas Wasser anrühren, mit der Gemüsebrühe und Crème fraîche zu den Pilzen geben und kurz aufkochen lassen. Chilischote, Oregano und Rosmarin dazugeben und ca. 5 Minuten leicht kochen lassen. Die Sauce muss eindicken. Mit Salz und Pfeffer abschmecken. Das Ganze in eine feuerfeste Form füllen.

Den Käse in dünne Scheiben schneiden und über die Champignons legen. Etwa 10 Minuten im Backofen überbacken.

Für 4 Personen

6 kleine Zucchini
2 kleine Zwiebeln
5 El Olivenöl
4 Tomaten
Salz
Pfeffer
5 Eier
3 El Sahne
100 g geriebener Parmesan oder Emmentaler
2 El gehacktes Basilikum oder gehackter Schnittlauch

Omeleta me kolokithakia

Zucchini-Omelett

Die Zucchini waschen, putzen und in feine Streifen schneiden. Die Zwiebeln schälen, würfeln und in einer Pfanne im heißen Olivenöl leicht andünsten. Die Tomaten waschen, klein schneiden und mit den Zucchinistreifen in die Pfanne geben. Kurz durchschmoren und mit Salz und Pfeffer würzen.
Die Eier mit der Sahne verquirlen, gut durchschlagen, den Käse untermischen. Die Eiermischung über das Gemüse geben, einmal durchrühren. Bei kleiner Hitze stocken lassen. Das Omelett auf einen großen Teller gleiten lassen und mit den Kräutern garnieren.

Kolokithakia Tiganita

Gebratene Zucchini

Für 4 Personen

4–5 mittelgroße Zucchini
Salz
100 g Mehl
Olivenöl

Die Zucchini waschen, von den Stiel- und Blütenansätzen befreien. Die Zucchini streifig schälen und in nicht zu dünne Scheiben schneiden. Auf einem Teller mit Salz bestreuen und einige Minuten stehen lassen.

Das Mehl in eine Schüssel geben und die Zucchinischeiben darin wenden. Reichlich Olivenöl in einer hohen Pfanne erhitzen und die Zucchinischeiben darin von beiden Seiten hellbraun braten.

Auf Küchenpapier abtropfen lassen. Warm oder kalt servieren.

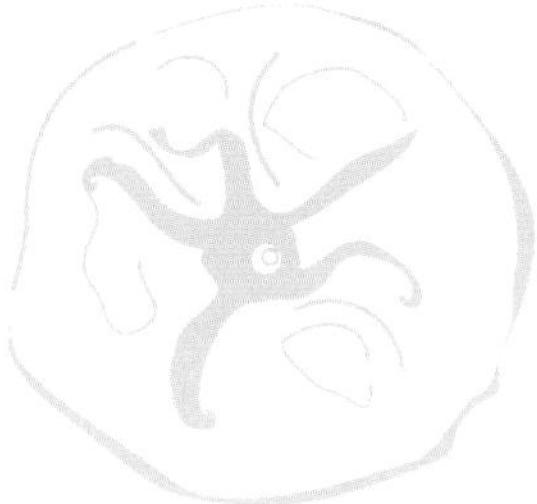

Domates jemista

Gefüllte Tomaten

Für 4 Personen

8–10 feste Tomaten
2 kleine Zucchini
1 kleine Aubergine
2 mittelgroße Zwiebeln
4 El Olivenöl
1 Tasse Reis
1/2 Tl getrockneter Oregano
Salz
Pfeffer
Butter für die Form

Die Tomaten waschen und oben einen Deckel abschneiden. Die Tomaten aushöhlen und das Fruchtfleisch klein schneiden. Zucchini und Aubergine waschen, evtl. schälen, von Stiel- und Blütenansätzen befreien und in kleine Stücke schneiden. Die Zwiebeln schälen und fein hacken.
2 Esslöffel Olivenöl erhitzen. Darin die Zwiebeln glasig andünsten, Zucchini und Auberginen dazugeben. Dann den Reis und das Tomatenfruchtfleisch unterrühren. Mit Oregano, Salz und Pfeffer würzen. Den Backofen auf 200 °C vorheizen.
Alles ca. 10 Minuten dünsten. Die ausgehöhlten Tomaten mit der Reismischung füllen, mit dem Tomatendeckel verschließen und in eine ausgebutterte, feuerfeste Form stellen. Das restliche Olivenöl dazugießen. Die Tomaten im Backofen ca. 1 Stunde backen.

Für 4 Personen

200 g geschälte gelbe Erbsen
500 ml Gemüsebrühe
1 Zwiebel
1 Knoblauchzehe
Salz
Pfeffer
Saft von 1 Zitrone
Olivenöl

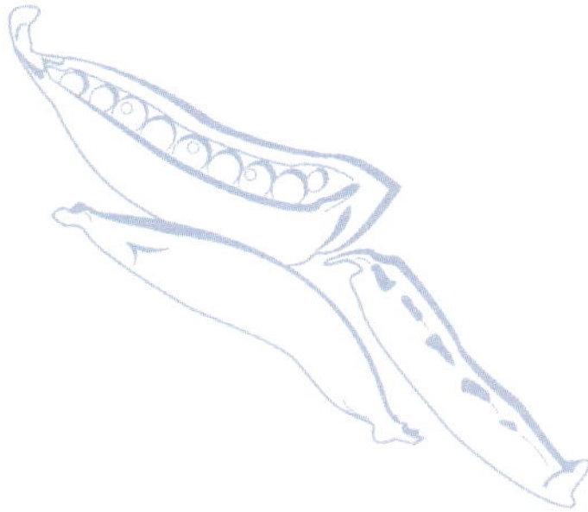

Fava

Püree von gelben Erbsen

Die Erbsen in der Gemüsebrühe zugedeckt bei geringer Hitze ca. 1–1 1/2 Stunden köcheln lassen, bis sie zerfallen und zu einem Brei werden. Dabei immer wieder umrühren. Darauf achten, dass nichts anbrennt. Eventuell noch etwas Wasser nachgießen, wenn der Brei zu dick sein sollte.
Inzwischen die Zwiebel schälen und sehr fein würfeln. Die Knoblauchzehe schälen und auspressen. Beides unter das Erbsenpüree rühren und alles mit Salz, Pfeffer und Zitronensaft abschmecken. In eine Schüssel umfüllen und vor dem Servieren mit Olivenöl beträufeln.

Santorini Tomato-Keftédes

Santoriner Tomatenpuffer

Für 4 Personen

500 g reife Tomaten
2 Zwiebeln
1 Bund Minze
2 Bund Petersilie
Salz
Pfeffer
Mehl
Öl zum Braten

Die Tomaten heiß überbrühen, enthäuten und in kleine Würfel schneiden. Die Zwiebeln schälen und ebenfalls in kleine Würfel schneiden.
Die Kräuter waschen, trockenschütteln und klein hacken. Alles in eine große Schüssel geben und mit den Händen gut vermengen, salzen und pfeffern. So viel Mehl dazugeben, dass die Masse leicht bindet, aber nicht pampig wird.
In einer Pfanne das Öl erhitzen. Mit einem großen Löffel die Masse Löffel für Löffel ins heiße Fett einlegen. Auf beiden Seiten goldbraun braten. Auf Küchenpapier abtropfen lassen.

Kunupidi tursi

Eingelegte Blumenkohlröschen

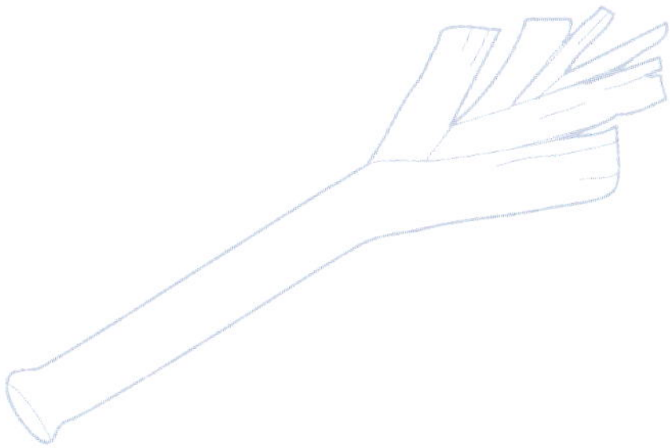

Für 4 Personen

1 mittelgroßer Blumenkohl
1 Bund Suppengrün (Möhre, Lauch, Sellerie)
2 Knoblauchzehen
125 ml Wasser
100 ml Olivenöl
50 ml Zitronensaft
10 Pimentkörner
1/2 Tl getrockneter Thymian
1/2 Tl getrockneter Oregano
1 Lorbeerblatt
8–10 Pfefferkörner
1 Tl Salz

Vom Blumenkohl die äußeren Blätter abnehmen und in kleine Röschen zerteilen, gründlich waschen. Das Suppengrün putzen, waschen und in kleine Würfel schneiden. Die Knoblauchzehen schälen und grob zerhacken.
Suppengrün, Knoblauch, Wasser, Öl, Zitronensaft und Gewürze in einen Topf geben und aufkochen lassen.
Die Blumenkohlröschen in den Sud legen. So viel Wasser zugießen, bis die Röschen ganz bedeckt sind. Die Röschen bissfest garen (ca. 5 Minuten), im Sud abkühlen und mindestens 24 Stunden durchziehen lassen.

Kolokithoanathi tiganti

Frittierte Zucchiniblüten

Für 4 Personen

14–16 Zucchiniblüten
50 g Mehl
1 Ei
1/2 Tasse Milch
Salz
1 El Olivenöl
Öl zum Ausbacken

Die Zucchiniblüten mit einer Schere von den Staubgefäßen befreien und ganz vorsichtig waschen. Ebenso vorsichtig trockenschütteln und von den kleinen grünen Blättern befreien.
Aus Mehl, Ei, Milch, Salz und Öl einen flüssigen Teig herstellen. Die Zucchiniblüten einzeln in den Teig tauchen und in reichlich heißem Öl goldgelb ausbacken. Auf Küchenpapier abtropfen lassen.

Für 4 Personen

4 mittelgroße Auberginen
1 Tl Salz
125 ml Sonnenblumenöl
3 kleine Zwiebeln
2 Knoblauchzehen
4 El Olivenöl
500 g Rinder- oder Lammhackfleisch
3 El Tomatenmark
125 ml trockener Weißwein
Pfeffer
Cayennepfeffer
1 Tl getrockneter Oregano
1 Bund Petersilie
Butter für die Form
3 Eier
6 El Milch
100 g geriebener Parmesan
Zahnstocher

Melitsanes poura

Auberginenröllchen

Die Auberginen waschen, die Stiel- und Blütenansätze entfernen und längs in Scheiben schneiden. Die Scheiben mit Salz bestreuen und stehen lassen. Nach ca. 15 Minuten mit Küchenpapier trockentupfen.
Das Sonnenblumenöl erhitzen und die Auberginenscheiben nacheinander auf beiden Seiten anbraten. Auf Küchenpapier legen und abtropfen lassen.
Zwiebeln und Knoblauch schälen, klein schneiden und im Olivenöl andünsten. Das Hackfleisch zugeben und anbraten. Tomatenmark, 125 ml Wasser, Weißwein, Pfeffer, Cayennepfeffer, Oregano und gehackte Petersilie zugeben und bei offenem Deckel köcheln lassen.
Die Auberginenscheiben auslegen. Auf jede Auberginenscheibe 1 Esslöffel der Fleischfüllung geben und zu Röllchen aufwickeln. Die Enden mit Zahnstochern feststecken und die Röllchen in eine gefettete, feuerfeste Form legen. Die Eier mit der Milch verquirlen und darüber gießen. Den geriebenen Käse darüber streuen. Die Auberginenröllchen im Backofen ca. 20–30 Minuten überbacken lassen.

Für 4 Personen

1 kg frische grüne Bohnen
5 reife Tomaten
1 mittelgroße Zwiebel
6 El Olivenöl
125 ml trockener Weißwein
1 Tl gekörnte Brühe
1 El Tomatenmark
Salz
Pfeffer
1 Bund glatte Petersilie

Fasolia me saltsa domates

Grüne Bohnen in Tomatensauce

Die Bohnen waschen, putzen und quer halbieren. Die Tomaten heiß überbrühen, enthäuten, entkernen und von den Stielansätzen befreien. Die Zwiebel schälen und klein würfeln.
Die Zwiebel in heißem Olivenöl glasig dünsten. Tomaten und Bohnen zugeben. Den Wein angießen und das Ganze zugedeckt ca. 30 Minuten garen lassen. Mit gekörnter Brühe, Tomatenmark, Salz und Pfeffer abschmecken.
Vor dem Servieren die Petersilie waschen, trockenschütteln, fein hacken und über die Bohnen streuen.

Patates sto fourno

Ofenkartoffeln

Die Kartoffel waschen, schälen und vierteln. Je nach Größe auch kleiner schneiden. Den Backofen auf 220 °C vorheizen.
Die Kartoffelviertel auf ein Blech oder in eine feuerfeste Form legen. Olivenöl und Zitronensaft darüber gießen. Salz, Pfeffer und Thymian dazugeben. Die Kartoffeln etwa 30 Minuten backen.
Das Blech kurz herausnehmen und mit 2 Esslöffel Olivenöl beträufeln. Nochmals 30 Minuten backen. Heiß servieren.

Für 4 Personen

1 kg fest kochende Kartoffeln
125 ml Olivenöl
Saft von 1 Zitrone
Salz
Pfeffer
1 Tl getrockneter Thymian
2 El Olivenöl

Aufläufe

Pastizio me manitaria

Makkaroniauflauf

Die Pilze verlesen, mit Küchenpapier säubern und in Scheiben schneiden. Den Lauch putzen, waschen und in feine Ringe schneiden. 50 g Butter zerlassen und den Lauch darin bei geringer Hitze weich dünsten. Die Pilze dazugeben und ebenfalls weich dünsten. Lauch und Pilze herausnehmen und in eine Schüssel geben.

Den Speck in dünne Streifen schneiden, die Rinde entfernen und in dem verbliebenen Fett ca. 2–4 Minuten anbraten. Danach zum Gemüse geben. Den Bratensatz mit Rotwein ablöschen und vom Pfannenboden lösen. Über die Pilzmischung geben. Mit geriebenem Muskat bestreuen und gut durchmischen. Den Käse unterrühren und alles mit Salz und Pfeffer abschmecken. Beiseite stellen.

Den Backofen auf 180 °C vorheizen. Die Makkaroni in reichlich Salzwasser mit Olivenöl bissfest kochen. In einem Sieb abgießen und abtropfen lassen. Die restliche Butter in einem Topf zerlassen, die Nudeln dazugeben und mit schwarzem Pfeffer würzen. Die Eier verquirlen und mit den Nudeln verrühren. Beiseite stellen.

Für die Sauce die Butter in einem kleinen Topf zerlassen, das Mehl einrühren und die Hitze verstärken. Etwa 2 Minuten erhitzen, aber nicht bräunen lassen. Inzwischen die Milch erwärmen und nach und nach, unter ständigem Rühren zu der Mehlschwitze geben. Bei milder Hitze eindicken lassen.

Den geriebenen Käse unterrühren und mit Salz und Pfeffer würzen. Etwa 4 Minuten köcheln lassen, bis eine sämige Sauce entsteht. Eventuell nachwürzen und abkühlen lassen. Die Eier in einer Schüssel verquirlen und unter die Sauce rühren.

Ein feuerfeste Form einfetten und nacheinander die Makkaroni, die Pilzmischung und die Käsesauce, abschließend eine Makkaronischicht einschichten. Mit dem Käse bestreuen. Den Auflauf im Backofen 40 Minuten backen lassen. Danach im Backofen noch 15 Minuten ruhen lassen.

Für 4 Personen

1 kg Mischpilze
2 Lauchstangen
100 g Butter
250 g Bauchspeck
100 ml Rotwein
1 Msp. frisch geriebene Muskatnuss
100 g geriebener Kefalotiri
Salz
Pfeffer
500 g Makkaroni
1 Tl Olivenöl
2 Eier

Für die Käsesauce:

4 El Butter
4 El Mehl
1 l Milch
100 g Kefalotiri
100 g Feta
Salz
Pfeffer
3 Eier
3 Eigelb
Butter für die Form
150 g geriebener Kefalotiri zum Bestreuen

Für 4 Personen

500 g Makkaroni
Salz
1 große Zwiebel
6 El Olivenöl
500 g Rinder- oder Lammhackfleisch
1 kleine Dose Tomaten in Stücken
Pfeffer
1/2 Tasse Fleischbrühe
Butter für die Form
100 g geriebener Kefalotiri oder Parmesan
50 g Butter

Für die Sauce:
50 g Butter
4 El Mehl
750 ml Milch
Salz
Pfeffer
1 Ei
50 g geriebener Kefalotiri oder Parmesan

Pastizio

Nudelauflauf

Die Makkaroni in reichlich Salzwasser nicht zu weich kochen. Die Zwiebel schälen und in kleine Würfel schneiden. Das Olivenöl erhitzen und die Zwiebel darin andünsten. Das Hackfleisch dazugeben und anbraten. Die Tomatenstücke, Salz und Pfeffer dazugeben. Mit der Fleischbrühe ablöschen und ca. 10–15 Minuten köcheln lassen.
Die Nudeln abgießen und abtropfen lassen. Die Hälfte der Makkaroni in eine gefettete Auflaufform geben und mit der Hälfte des geriebenen Käses bestreuen. Darüber die Hackfleischmasse gleichmäßig verteilen. Dann die restlichen Nudeln darüber verteilen, mit Butterflöckchen und dem restlichen Käse bestreuen.
Den Backofen auf 180 °C vorheizen. Für die Sauce die Butter in einem Topf zerlassen und zuerst das Mehl, dann die Milch einrühren. Das Ganze aufkochen und bei mäßiger Hitze unter ständigem Rühren köcheln lassen. Mit Salz und Pfeffer würzen. Das Ei und den Käse in die Sauce rühren. Nochmals abschmecken.
Die Sauce gleichmäßig über den Auflauf geben und im Backofen ca. 30 Minuten überbacken lassen.

Für 4 Personen

3 große Auberginen
Salz
500 g Kartoffeln
ca. 1/2 l Olivenöl
3 Zwiebeln
3 große Tomaten
500 g Rinder- oder Lammhackfleisch
2 El Tomatenmark
1 El gehackte Petersilie
1 Tl getrockneter Oregano
1 Msp. Zimtpulver
Pfeffer
50 g geriebener Hartkäse (Parmesan, Kefalotiri)
1 Ei

Für die Sauce:
3 El Butter
4 El Mehl
750 ml Milch
Salz
Pfeffer
1 Msp. gemahlene Muskatnuss
1 Tl Zitronensaft
1 Ei
50 g Hartkäse
Butter für die Form

Moussaka

Auberginenauflauf

Die Auberginen waschen, die Stielansätze entfernen und das Fruchtfleisch in Scheiben schneiden. Die Auberginenscheiben mit Salz bestreuen und stehen lassen. Die Kartoffeln schälen und in nicht zu dicke Scheiben schneiden. Die Auberginen auf Küchenpapier legen und trockentupfen.

Reichlich Olivenöl in einer Pfanne erhitzen, zuerst die Auberginenscheiben, danach die Kartoffelscheiben darin anbraten. Wieder auf Küchenpapier legen und abtropfen lassen.

Die Zwiebeln schälen und in kleine Würfel schneiden. Die Tomaten heiß überbrühen, enthäuten und klein schneiden. Die Zwiebeln und das Hackfleisch in einer Pfanne mit Olivenöl anbraten, die Tomaten dazugeben. Tomatenmark, Petersilie, Oregano, Zimt, Salz und Pfeffer zugeben und mit etwas Wasser ablöschen. Zugedeckt ca. 20 Minuten garen lassen. Den geriebenen Käse und das Ei unterrühren.

Für die Sauce in einem Topf die Butter zerlassen und zuerst das Mehl, dann die Milch einrühren, aufkochen lassen. Mit Salz, Pfeffer, Muskat und Zitronensaft abschmecken. Das Ei und den Käse in die Sauce einrühren. Den Backofen auf 180 °C vorheizen.

Eine feuerfeste Form einfetten und abwechselnd Kartoffeln, Hackfleischmasse und Auberginen übereinander schichten. Die Sauce darüber gießen und im Ofen ca. 40–45 Minuten backen lassen.

Desserts und Gebäck

Glyko achlathi

Birnen in Sirup

Die Birnen waschen, schälen, vierteln und das Kerngehäuse entfernen. Etwas Wasser mit Zitronensaft erhitzen und die Birnen darin nicht zu weich dünsten.
Für den Sirup den Honig mit lauwarmem Wasser geschmeidig rühren. Zimt, Nelkenpulver und Zitronensaft dazugeben, bei geringer Hitze erwärmen.
Die Birnen auf einem Teller anrichten und mit dem Sirup übergießen. Lauwarm servieren.

Für 4 Personen

4 große reife Birnen
Saft von 1 Zitrone

Für den Sirup:
8 El flüssiger Honig
125 ml lauwarmes Wasser
1 Msp. gemahlener Zimt
1 Msp. gemahlene Nelken
Saft von 1 Zitrone

Für 4 Personen

4 Äpfel (Boskop)
4 Tl Honig
Butter für das Blech
4 Scheiben altbackenes Weißbrot
1 El Butter
2 El Milch

Psomi me mila

Brot mit Äpfeln

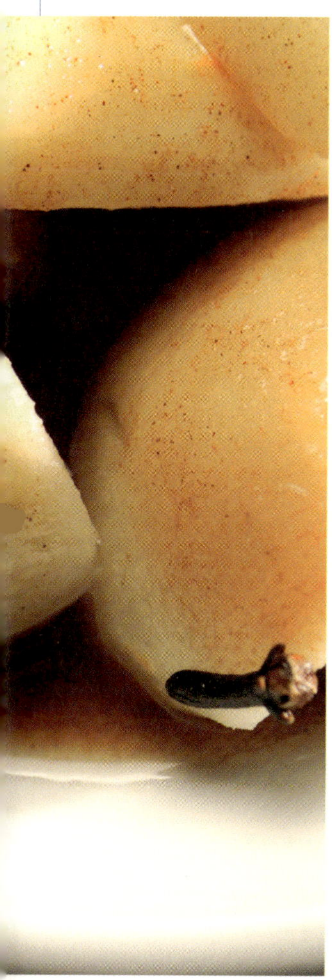

Die Äpfel waschen und das Kerngehäuse entfernen, ohne den Apfelboden zu verletzen. Den Honig in die entstandene Öffnung füllen. Den Backofen auf 180 °C vorheizen.
Ein Backblech mit Butter einfetten. Die Brotscheiben darauf legen, mit Butter bestreichen und mit der Milch beträufeln. Die Äpfel auf die Brotscheiben setzen und im Backofen ca. 30 Minuten backen, bis die Äpfel weich sind.

Das süße Griechenland – Nachspeisen & Gebäck

Obwohl es eine reiche Auswahl an verschiedenartigsten Süßigkeiten gibt, ist es in Griechenland nicht üblich, zum Nachtisch ein Dessert zu servieren. Meist genießt man – je nach Jahreszeit – frisches oder eingelegtes Obst, das in mundgerechte Stücke zerteilt für alle auf den Tisch kommt.

Im mediterranen Klima Griechenlands reift eine Fülle köstlicher Früchte. Besonders im Sommer sind kalte Stückchen erfrischender Wasser- und Honigmelone, frische große Pfirsiche und Trauben jeglicher Art ein Hochgenuss.

Süßes Gebäck wird eher als Zwischenmahlzeit gereicht oder Gästen zur Begrüßung angeboten. In Anlehnung an den jahrhundertelangen türkischen Einfluss auf Griechenland wird es mit Honig, Nüssen und Sesam zubereitet.

Typische Süßigkeiten und traditionelles Gebäck gibt es natürlich auch zu den kirchlichen Feiertagen. Berühmt sind das griechische Osterbrot, das traditionell mit rot gefärbten Ostereiern dekoriert wird, oder die Kurabiedes-Nussplätzchen, ein Art Vanillekipferl zu Weihnachten.

Für 4 Personen

2 El Zitronensaft
8–10 El flüssiger Honig
2 Becher griechischer Joghurt
60 g gehackte Haselnüsse
1 Msp. gemahlener Zimt

Yaourti me meli

Joghurt mit Honig und Haselnüssen

Zitronensaft und Honig mit dem gut gekühlten Joghurt verrühren. In Portionsschalen füllen. Die Nüsse und den Zimt vermischen, über die Joghurtmasse streuen und sofort servieren.

Syka me krema krasiou

Feigen mit Weincreme

Die Sahne mit dem Joghurt cremig schlagen. Dessertwein, Eigelb und Zitronensaft zugeben und gut verrühren.
Die Feigen waschen, trockentupfen und halbieren. In Portionsschalen verteilen, mit der Weincreme übergießen und servieren.

Für 4 Personen

1 Becher Sahne
200 g griechischer Joghurt
4 El Dessertwein, z. B. Samos
1 Eigelb
1 El Zitronensaft
10 frische Feigen

Kaimak-Drink

Mediterraner Buttermilchdrink

Alle Zutaten in einem hohen Mixbecher mit dem Stabmixer verrühren. In ein hohes Glas füllen und mit Strohhalm genießen.
Der aparte Geschmack ist als kleine Zwischenmahlzeit ideal für heiße Tage.

Für 4 Personen

250 ml Buttermilch
1 große reife Tomate
ca. 10 Blättchen Basilikum
1 Msp. gemahlener Koriander
Salz
Pfeffer
1 Prise Zucker

Für 4 Personen

250 g Sahne
1/2 Tl Zucker
3 El Ahornsirup
1/2 Tl Kardamom
1 reife Honigmelone

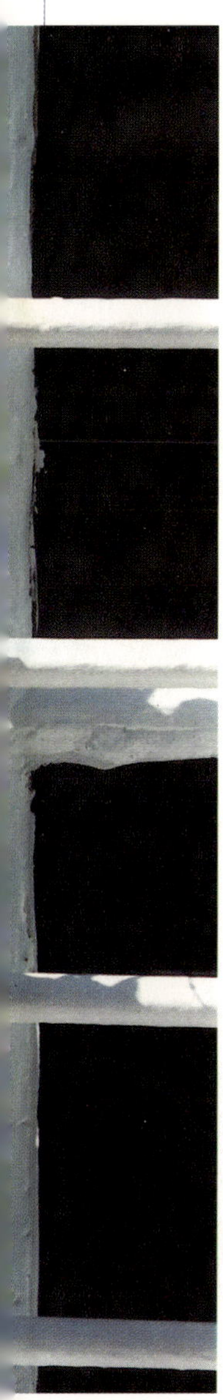

Karpousi kai peponi me santigi

Melone mit Kardamomsahne

Die Sahne mit dem Zucker steif schlagen, dabei langsam Ahornsirup und Kardamom zugeben.
Die Melone schälen, in mundgerechte Stücke schneiden und in eine Schüssel füllen. Die Sahne separat servieren.

Agriochorta
Gesammeltes Gemüse, das im Freien, nicht im Garten angebaut wird.

Anithos
Griechischer Dill, wird frisch zum Würzen von Gemüse und Fisch verwendet.

Attika
Weinanbaugebiet Zentralgriechenlands, wo auch der geharzte Retsina produziert wird.

Avgolemono
Eine griechische Art, Suppen und Saucen mit verquirltem Ei und Zitronensaft zu binden und zu verfeinern.

Avgotaraho
Rogen einer speziellen Meeräschenart, die im Brackwasser des Messolongi-Sees laicht. Feinschmecker schätzen den griechischen Rogen sehr – vielleicht, weil die italienische Meeräsche ein reiner Salzwasserfisch ist.

Baklava
Gebäck aus hauchdünnem Blätterteig mit Nüssen und Zuckersirup.

Basilikum
Griechisch: Vasilikos, „das Königliche"; Heil- und Küchenkraut.

Chalva
Auch Halva genannt, eine orientalische Süßigkeit aus Mandeln oder Sesam, aus Mehl oder Grieß, Öl oder Butter und viel Zucker.

Chylopittes
In kleine dünne Rechtecke geschnittene Nudeln.

Fava
Gelbe, geschälte Erbsen.

Feta
Ein fester Schafs- oder Ziegenkäse, weiß, salzig und in Salzlake eingelegt. Feta wird heute auch aus Kuhmilch hergestellt.

Filo
Griechischer Blätterteig aus Mehl, Salz und Wasser. Wird zur Zubereitung von gefüllten Pasteten verwendet.

Gigandes
Griechische Riesenbohnen, ähnlich den deutschen dicken Bohnen.

Glikó
Eine sehr süße Delikatesse. Als „Löffel-Süßigkeit" bekannt, da man sie zum Nachmittagskaffee am besten direkt vom Löffel isst. Dafür werden die verschiedensten Früchte in Zuckersirup eingelegt.

Graviera
Ein fester, nur wenig salziger Käse, der gut zum Kochen verwendet werden kann.

Honig
Griechischer Honig gehört zu den feinsten überhaupt! Berühmt ist der süße Thymianhonig. Eine der besten Marken ist die Marke Odysea.

Joghurt, griechischer
Griechischer Joghurt ist eine Spezialität und wird aus Schafs- oder Kuhmilch hergestellt.

Kassäri
Halbfester griechischer Schafskäse mit feinen Löchern.

Kefalotiri
Ein fester griechischer Hartkäse, ähnlich dem italienischen Parmesan, der vor allem gerieben und zum Überbacken verwendet wird.

Kafenion
Das griechische Kaffeehaus. Früher Treffpunkt der Männer.

Kreta
Größte griechische Insel. Berühmt wegen der auf frischen Zutaten basierenden Küche.

Kritharaki
Kleine Nüdelchen aus Hartweizengrieß und Wasser, die die Form und Größe eines Reiskorns haben. Sie werden weich gekocht und zu Schmorgerichten als Beilage serviert.

Lachano
Ein großer, flachköpfiger Weißkohl. Wird als Salat oder für die Zubereitung von Kohlrouladen verwendet.

Lorbeer
Griechisch: Dafni. Die Blätter werden für Fisch, Fleisch oder Eintopf verwendet.

Loukanika
Stark gewürzte Würste, Spezialität aus Thrakien.

Linsen
Am liebsten werden in der griechischen Küche kleine, grünbraune Linsen verwendet. Die besten griechischen Linsen kommen aus Makedonien.

Manouri
Ein weicher, cremiger und ungesalzener Käse, eine Art griechischer Schmelzkäse.

Mastix
Gewürz aus dem Harz des Mastix-Strauches, der auf der Insel Chios wächst.

Mavrodaphne
Roter Likörwein.

Oliven
Berühmt sind die spitzen Kalamata-Oliven vom Peloponnes.

Olivenöl
Das griechische Olivenöl aus erster Pressung hat ein intensives, grasiges Aroma und steht den Olivenölen aus Italien oder Spanien in nichts nach.

Metaxa
Griechenlands berühmtester Weinbrand.

Mizithra
Frischkäse, meist aus Schafsmilch, ungesalzen.

Oktopus
Es gibt zwei Sorten von Oktopus – der eine kommt aus dem Ostatlantik, der andere ist der rote Mittelmeer-Oktopus, den man an seiner doppelten Reihe von Saugnäpfen erkennen kann.

Pastourma
Dünne, mit Paprika, Kümmel und Knoblauch stark gewürzte Scheiben von getrocknetem Rind-, Hammel- oder Ziegenfleisch.

Patsa
Eine Suppe aus Lammkopf, -füßen, -innereien und Pansen. Eine Spezialität vor allem in den Wintermonaten.

Pistazien
Die griechischen Pistazien sind lang und seidig, die besten kommen von der Insel Ägina.

Pitta
Generelle Bezeichnung für Pasteten, Blätterteigtaschen und Fladenbrote.

Raki
Ein kräftiger Schnaps, der gut zu Räucherfisch passt. Er hat einen sehr ausgeprägten Anisgeschmack und ist sehr stark.

Risi
Reis gehört zu den Grundnahrungsmitteln der griechischen Küche. Es gibt ihn in vielen Variationen.

Safran
Griechischer Safran ist berühmt für seine hohe Qualität.

Salbei
Salbei wird in der griechischen Küche zum Würzen von Wurstfüllungen benutzt oder als Tee getrunken.

Taramas
Vorspeise aus roten Fischrogen.

Thymian
Gerne werden diese Gewürzblättchen frisch oder getrocknet für Fleisch-, Eintopf- oder Fischgerichte benutzt.

Tsakistes
Eingelegte grüne Oliven.

Tzatziki
Vorspeise aus Joghurtcreme, geraspelten Gurkenstückchen und gepresstem Knoblauch.

Weinblätter
Frische Weinblätter vom Weinstock, die in Salzlake eingelegt werden. Man benötigt sie zum Herstellen von Dolmades, den gefüllten Weinrouladen.

Register

A

Auberginen mit Reis 100
Auberginenauflauf 122
Auberginencreme 28
Auberginenröllchen 115

B

Birnen in Sirup 126
Blumenkohl-Omelett 101
Braune Linsensuppe 49
Brot mit Äpfeln 127
Bulgursuppe 44

D

Dicke Bohnen mit Artischocken 104

E

Eingelegte Blumenkohlröschen 113
Eingelegte Paprikaschoten 24

F

Feigen in Weincreme 131
Fischauflauf 57
Fischrogencreme 27
Fleischbällchen mit Ei-Zitronen-Sauce . . 81
Fleischspieße 89
Frittierte Tintenfischringe 60
Frittierte Zucchiniblüten 114

G

Garnelen mit Tomatensauce 56
Gebackener Schafskäse 34
Gebratene Zucchini 109
Gebratener Lammsattel 91
Gefüllte Paprika 94
Gefüllte Tomaten 110
Gefüllte Weinblätter mit Hackfleisch . . . 30
Gefüllte Weißkohlblätter 95
Gefüllte Zucchiniblüten 99

Gegrillte Lammkoteletts 82
Gegrillte Rotbarben 65
Gekochter Fisch mit Gemüse 66
Geschmorte Lammschulter in Rotwein . . 86
Geschmortes Gemüse 106
Griechischer Bauernsalat 38
Griechischer Schweinebraten 90
Grüne Bohnen in Tomatensauce 116
Gurkensalat 40

H

Hähnchen im Ofen 78
Hähnchen mit Feigen in Portwein 76
Hühnersuppe mit Zitrone 51

J

Joghurt mit Honig und Haselnüssen . . 130

K

Kalbsragout mit Tomaten 77
Kaninchen in Rahmsauce 80
Kartoffel-Knoblauch-Paste 29
Kichererbsenpüree 25
Knoblauchhähnchen vom Grill 87
Knoblauchsuppe 48
Kräuter-Omelett 33
Krautsalat mit Möhren 39
Kürbissuppe 52

L

Lamm aus dem Ofen 70
Lamm im Tontopf 71
Lamm mit Pilaf 84
Lammfleisch mit grünen Bohnen 75
Linsensuppe 53

M

Makkaroniauflauf 120
Mangoldrouladen 105
Marinierte Seebarbe 67
Mediterraner Buttermilchdrink 132
Melone mit Kardamomsahne 133

N

Nudelauflauf 121

O

Ofenkartoffeln 117

P

Püree von gelben Erbsen 111

S

Santoriner Tomatenpuffer 112
Schafskäse-Knoblauch-Scheiben 35
Schwertfisch am Spieß 62
Spinatreis 102

T

Tintenfisch in Tomatensauce 61
Tintenfisch mit Ouzo 63
Tintenfisch mit Reis 64

U

Überbackene Champignons 107

W

Wachteln im Grill 85
Weiße Bohnensuppe 45

Z

Zucchini-Omelett 108
Zucchinipuffer 98